ESSAI SUR

L'ORIGINE

DU

LANGAGE ET DE L'ECRITURE

Avec 4 planches sur les Hiéroglyphes,
Lettres et formes grammaticales des Langues
Egyptienne, Chinoise, Indienne et Hébraïque

PAR

MARTIN DE PARIS,

Professeur

---

3 francs.

Paris

Chez Malteste, Imp. Rue Vaurée, N°15 et 17
A la Société de Civilisation, rue St. Guillaume, 30
et chez l'Auteur Rue de l'Est, N°5

1854

ESSAI

SUR

L'ORIGINE DU LANGAGE

ET

DE L'ÉCRITURE.

Imprimerie de FÉLIX MALTESTE et Cie, successeurs de CARPENTIER-MÉRICOURT
Rue Traînée, nos 15 et 17, près St-Eustache.

ESSAI

sur

L'ORIGINE DU LANGAGE

ET

DE L'ÉCRITURE;

Ouvrage

ACCOMPAGNÉ DE QUATRE PLANCHES POUR LES HIÉROGLYPHES, ALPHABETS
ET FORMES GRAMMATICALES DE QUATRE LANGUES PRIMITIVES.

PAR

MARTIN (DE PARIS),

Professeur.

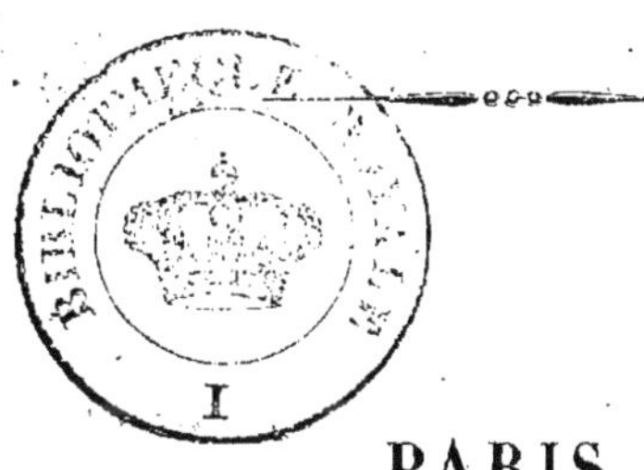

PARIS.

FÉLIX MALTESTE ET CIE, IMPRIMEURS-LIBRAIRES,

Rue Trainée, n°s 15 et 17, place St-Eustache;

A LA SOCIÉTÉ DE CIVILISATION,

RUE ST-GUILLAUME, N° 20;

ET CHEZ L'AUTEUR, RUE DE L'EST, N° 5.

1835.

ESSAI

SUR

L'ORIGINE DU LANGAGE,

ET

DE L'ÉCRITURE.

INTRODUCTION.

Aujourd'hui qu'un essor plus libre, et plus large à la fois, est permis à l'esprit humain, n'est-ce pas le moment où la science, dégagée enfin des entraves qui gênaient sa marche progressive, doit arriver à une solution plus franche, et en même temps plus claire des questions humaines ? L'absolutisme, et surtout les préjugés, ont exercé sur elle un empire bien funeste ; les uns, leur faisant toutes concessions, les ont pris pour bases de leurs systèmes, pour pivots de leurs recherches, pour buts de leurs conclusions ; les autres, plus consciencieux, mais crédules ou faibles, ont voulu renfermer la science dans des bornes que la religion, alléguaient-ils, ne permettait pas de franchir; d'autres enfin ont fait voir, dans les résultats de leurs observations, tant de timidité et de réserve, qu'ils équivalurent au silence ou au doute.

Maintenant il n'est plus de prétextes à ces concessions indignes de la science. Mais ce qui est à redouter encore, ce qui contribue surtout à obscurcir les questions humaines, et par conséquent à en retarder la solution, c'est l'esprit de système, qui avance pour des faits les simples rêves d'une imagination exaltée ou prévenue, qui n'aborde dans ces questions que le côté qui favorise une idée préconçue, ou les enferme dans les étroites limites d'une doctrine ou d'une secte.

C'est ainsi que dans l'examen d'un fait, préoccupé qu'on est de l'opinion où l'on veut le ramener, on n'en admet que ce qui est d'accord avec elle, et on rejette tout ce qui la contrarie. D'autres arrivent avec d'autres systèmes, détruisent celui déjà formé, et y substituent les leurs, jusqu'à ce que d'autres encore se présentent et achèvent d'embrouiller les questions. Voilà ce qui fait naître le doute; voilà ce qui engendre le scepticisme, qui, ne jugeant ces questions que par le cortége d'erreurs et de contradictions dont on les a entourées, en conclut qu'elles sont insolubles, au lieu de reconnaître que l'erreur et l'obscurité ne sont pas inhérentes à la science elle-même, mais bien plutôt à la manière dont on l'a traitée.

Il faut donc suivre une voie toute opposée : n'avoir d'autre système que la plus entière impartialité, d'autre opinion sur un fait que celle qui devra ressortir de l'observation approfondie du fait lui-même. Non qu'il faille marcher sans aucun guide, sans aucun principe, mais n'adopter pour règle que celle avouée par le bon sens universel, la raison de tous : ainsi, pour remonter à l'origine des connaissances humaines, voir Dieu pour principe ; l'intelligence humaine, la pensée, émanation de Dieu, pour moyen ; la nature, pour élément d'action offert à l'intelligence ; le progrès, le perfectionnement, pour résultat, pour but.

Cela posé, commençons par l'origine du langage.

Cette question, tant de fois traitée, et par conséquent si obscurcie, semble peut-être la moins abordable, et me paraît cependant la plus neuve et la plus digne de nouvelles attentions, après les travaux philologiques des *Rémusat, Champollion, Chézi, Klaproth* et autres, qui, en faisant pour ainsi dire renaître à nos yeux trois langues primitives, ont ouvert un nouveau champ à de nouvelles conjectures, pour les esprits systématiques, comme à la découverte de la vérité pour les esprits impartiaux.

M. Ch. *Nodier*, le dernier qui ait traité cette question, me paraît avoir le plus approché de la vérité, non sans quelque scrupule, non sans quelque doute de sa part; mais enfin il l'a laissée entrevoir. Quant aux critiques qu'il a soulevées, elles étaient trop peu importantes, trop peu logiques, pour qu'il dût s'en effaroucher et daignât même y répondre. Son opinion, il est vrai, demandait d'être appuyée de beaucoup plus de preuves; car on a bien assez de conjectures osées sur telle ou telle question, on veut avant tout des faits. En raison de l'indépendance et de la latitude accordées maintenant à l'esprit, le public est plus circonspect, plus sévère, plus incrédule; et c'est tant mieux, on n'en sera que plus intéressé à proclamer des choses vraies et utiles, et plus contraint d'entourer ses opinions de preuves qui commandent l'attention et tendent à persuader.

Je n'ai pas la prétention d'obtenir ce dernier résultat, mais je demande qu'on s'en prenne moins aux opinions qui doivent ressortir des faits que je présente qu'à mon incapacité à les faire valoir.

CHAPITRE PREMIER.

FORMATION DU LANGAGE.

§ I. *Origine.*

Signalons d'abord deux erreurs principales commises à ce sujet, l'une qui fait remonter l'origine du langage à une révélation de Dieu, et l'autre, conséquence ou non, de la première, qui a égaré les savans dans la recherche d'une prétendue langue primitive. (Voy. chap. 3.)

La raison la plus spécieuse qu'on allègue en faveur de la première opinion, c'est que Dieu, en se révélant à l'homme dans la pensée, devait d'abord se révéler à lui dans les moyens de la manifester. Mais cette intelligence, cette véritable et unique révélation de Dieu dans l'homme n'était-elle pas elle-même, pour ce dernier, un moyen 1° d'appliquer l'agilité de ses membres, l'adresse de ses doigts, à la confection d'instrumens propres à une satisfaction plus prompte de ses besoins; 2° d'employer son organisation vocale à établir une communication insensiblement plus intime et plus expansive avec ses semblables; 3° de se perfectionner dans l'un et l'autre cas, en raison des nouvelles perceptions qu'il devait acquérir par l'observation de ce qui l'entourait ?

Si rien, ensuite, n'indiquait dans la conformation physique de l'homme qu'il dût faire un usage naturel de la parole, on aurait quelque raison d'en chercher une cause extérieure, invisible; mais il était doué d'un instrument vocal, d'un admirable clavier propre à faire entendre des intonations variées à l'infini, d'organes si artistement conformés, qu'il pût rendre, au moins d'une manière approchante, certains objets extérieurs, et en marquer même les modifications par celles analogues opérées sur ses organes.

Si Dieu eût donné à l'homme une langue, il devait la lui donner parfaite, inaltérable; ce qui est d'institution divine ne devait pas subir les accidens de ce qui est d'institution humaine. Cette langue apportait alors, par avance, à l'homme toutes les perceptions à venir, puisqu'elle lui en donnait les mots; la révélation d'une langue entraînait celle de toutes les institutions humaines. Dira-t-on que Dieu n'en traça que les premiers élémens, que l'homme devait étendre en raison du développement de son intelligence? Pourquoi l'homme, doué du pouvoir de créer de nouveaux mots, n'a-t-il pu créer les premiers, puisque les uns et les autres dépendaient de son organisation physique et morale. Ensuite ces premiers élémens du langage devaient-ils sentir l'imitation? Nous voyons dans les plus anciennes langues que les premiers élémens, surtout les mots qui expriment les premiers objets qui durent s'offrir à l'observation de l'homme, sont des imitations de ces objets eux-mêmes, et trahissent par conséquent une origine naturelle.

Mais développons les preuves de ce fait.

§ II. *Langage des sensations.*

Une fois la distinction faite de deux natures dans l'homme, l'une purement animale, et l'autre métaphysique, il faut distinguer aussi les deux langages qui s'y rapportent, celui des sensations et celui des idées.

Le premier est commun aux hommes et aux animaux, et se manifeste par des gestes et par des sons inarticulés ou voyelles.

Certaines poses ou attitudes, certains mouvemens du corps, expriment souvent avec plus d'énergie, et toujours avec plus de précision que le langage articulé, certaines affections de joie, de surprise, de douleur, de crainte ou de colère.

Il en est de même des sons ou voyelles, dont les diverses modifications peuvent rendre diverses sensations, soit par des cris, soit par des soupirs, soit par des chants.

Ces deux manifestations, l'une qui s'adresse aux yeux, l'autre aux oreilles, combinées ensemble, forment un langage suffisant et approprié aux besoins physiques de l'homme et de l'animal. L'homme, surtout par la conformation de ses membres et de ses organes vocaux, a pu, dès le commencement et presque instinctivement, parler avec beaucoup de facilité ce langage naturel, aussi peut-on supposer avec toute vraisemblance qu'il dut s'en servir assez long-temps pour communiquer et s'entendre avec ses semblables. C'est donc, ce me semble, hasarder une conjecture bien fausse que de représenter les premiers hommes errans, sans asiles, isolés les uns des autres, et ne rencontrant pour toute nourriture que des racines, des herbes, des glands, etc., comme si la nature eût été plus avare pour lui que pour tous les autres animaux. Il est plus raisonnable, selon moi, de penser que, comme certaines espèces de ces derniers, ils durent vivre primitivement en familles, en groupes, à moins de supposer à l'homme, dans son état primitif, moins de ressources en lui, moins d'adresse et d'agilité qu'on n'en remarque chez ces mêmes animaux, et qu'il n'en déploie lui-même aujourd'hui, indépendamment de son intelligence propre; ce qui est inadmissible : et puis, je le répète, dans la pantomime, et surtout dans les cris qu'il pouvait instinctivement modifier de tant de manières, il trouva les moyens d'une communication facile avec les siens, ou au moins appropriée à ses besoins alors très bornés.

C'est ce que nous démontre la valeur des sons inarticulés ou voyelles.

§ III. *Voyelles.*

A est la voyelle par excellence, la première et la plus facile dans la prononciation, celle que font entendre le plus fréquemment les enfans et les sauvages. Ce son est entré dans les mots qui marquent les premiers besoins et les premières affections; aussi le trouve-t-on dans les anciennes langues, faisant partie des mots qui expriment les alimens, la nourriture, et de ceux qui signifient *père* et *mère*, *pitā*, *tata*, *māta*, *amā*, en samscrit, *ab* en hébreux, etc., et aujourd'hui encore, dans beaucoup de langues, on trouve *papa*, *mama*, *nana*, etc., qui se présentent les premiers et comme naturellement à la bouche de l'enfance.

Ce son se fait aussi entendre dans les mots qui marquent la possession et dans ceux qui marquent la joie ou l'admiration.

A a souvent été remplacé par toutes les autres voyelles, dans le changement des langues: ainsi δαμαω, *maison*, en latin *domo*, καλαμη, *comble*, *culmus*; *nacht* en allemand *nuit*, en anglais *niht*, etc.

E, qui occasione une légère modification dans l'organe de la parole, fait partie des mots qui désignent la respiration, la vie, l'être : *éié* en hébreu, *he* en indien, *aist* en persan, etc.

Dans les premières langues on le confond souvent avec les aspirations *h* et *w*, comme chez les hébreux, *hue*, *hevé*, *Eve*, source de la vie. *E* a été changé en toutes les autres voyelles et diphthongues εγος est devenu *annus*; ενδυω, *induo*; νεφος, *nubis*. *Ere*, honneur, en allemand, se dit *are* en saxon, etc.

I se trouve dans les mots qui indiquent un objet où un lieu présents; il entre surtout dans les mots qui désignent la main, le secours et ce qui s'y rapporte.

Il est souvent confondu avec *ei*, et se change aussi en toutes les autres voyelles et diphthongues: de θιγω est venu *tango*, de μινθη *mentha*, de *stipula*, *stoppel* en allemand, etc.

O est le cri d'admiration et de joie; il est entré dans les mots qui se rapportent à la lumière, à la vue: *orus*, le soleil, chez les Égyptiens, *hoouere* chez les anciens Perses; *aur*, lumière, chez les Hébreux. Il se change en toutes les autres voyelles et diphthongues, πολεμος, *bellum*, κονις, cinis, δοκω, *duco*, *wille* et *wollen*, en allemand, *vouloir*, *schuld* et *sollen*, *devoir*, etc.

U est le dernier son, comme le plus difficile à prononcer et le moins fréquemment usité; il entre dans les mots qui marquent la dureté, la violence, la force, l'attraction et la répulsion. Il se change en toutes les autres voyelles.

Ainsi considérées à part de leurs formes caractéristiques, les voyelles, qui n'ont pas un son bien déterminé, étaient souvent prises l'une pour l'autre, et par conséquent étaient d'un usage assez arbitraire; par exemple, chez les Hébreux l'aspiration qui était prononcée *a* dans une tribu était prononcée *e* ou *o* dans une autre. En samscrit les voyelles, à l'exception de l'*a*, inhérent à chaque consonne, sont peu marquées.

En général, les voyelles ne forment pas de radicales. On peut dire cependant que la langue purement vocale s'est conservée dans les exclamations, et dans les interjections, chez tous les peuples.

H peut être considéré comme une voix simple ou

aspirée : dans le premier cas, elle ne se fait pas sentir dans la prononciation du mot; dans le second cas elle est comme une auxiliaire des voyelles, auxquelles elle ajoute plus de force et d'expression.

Cette lettre a été substituée souvent au *ç* par les Allemands : *celare*, *helen*; au *c* dur, *cornu*, *horn*, etc.; en *s* par les Latins, de ἑπτὰ, *septem*; de ἕρπω, serpa, de ὕδωρ, sudor, etc.; de *herus*, les Italiens ont fait *sere*, au *φ*; de φερϐη est venu herba, etc.; elle a été changée en *g*, de *hesternus* les Allemands ont fait *gestern*.

§ IV. *Diphthongues.*

Les voyelles sont sourdes, franches ou sonores; un quatrième ordre de sons naît de leur réunion et de leur combinaison entre elles; je veux parler des diphthongues; on en rencontre peu dans les langues primitives, car on doit les considérer comme ayant servi plus tard à la formation de nombreux mots, ou la distinction de mots déjà formés que leur ressemblance exposait à l'équivoque. Ainsi l'*a* a été souvent changé en *ai*, l'*e* et l'*i* en *ei*, l'*o* en *eu*, et l'*u* en *ou*. On peut compter vingt sons produits par la combinaison des voyelles :

æ, ai, ao, au,

ea, ei, eo, eu.

ia, ie, io, iu.

oa, œ, oi, ou.

ua, ue, ui, uo.

C'est surtout dans les langues des peuples barbares qu'on trouve des diphthongues, car leur son bruyant est conforme aux organes grossiers de ces hommes.

§ V. *Langage articulé.*

Cependant l'homme sentit bientôt d'autres besoins que des besoins purement physiques. L'observation et la comparaison des choses qui l'entouraient firent naître en lui comme des rêves qu'il avait besoin de peindre en détail, et de communiquer à ses semblables pour en découvrir le sens ; et puis ce désir et cette faculté d'imitation qui lui sont naturels, joignons-y les raisons de temps et de circonstances, augmentant ses perceptions ; ces raisons, et d'autres encore peut-être, le portèrent sans beaucoup d'effort à se servir des moyens mis en lui de se manifester tout entier. Il ne suffisait pas de montrer qu'il éprouvait la douleur ou la joie, il avait besoin d'en signaler ou détailler la cause, quelque éloignée qu'elle fût ; car le geste ne servait souvent que pour les choses présentes aux yeux, et le langage vocal pour les affections purement physiques ; mais il avait à raconter des événemens, à communiquer des projets, à épancher des sensations intérieures, morales, ou à s'en rendre compte ; il lui fallait donc un langage adapté à ces besoins : aussi la Providence, en le douant d'une seconde nature, lui donna en même temps un front large pour la contenir, et un instrument vocal pour l'exprimer ; cet instrument (1), long tuyau qui se resserre, s'étend ou se raccourcit à volonté, permet à l'homme de faire précéder ou suivre la voyelle d'un son dur, ce qui donne à sa voix plus d'étendue et d'énergie, et augmente le nombre de ses intonations. Cependant rien d'arbitraire ne présida aux moyens dont il se servit pour mettre cet instrument en jeu ; il

---

(1) Voir pour les détails anatomiques, Court de Gébelin, *hist. de la parole.*

procéda tout naturellement, en faisant rapporter ces diverses intonations le plus possible aux objets qu'il avait à représenter; on en a un exemple dans les noms mêmes des organes qui les produisent, et qui sont les *lèvres*, les *dents*, la *langue*, le *palais*, la *gorge*, et le *nez*.

Chacun de ces organes produit une intonation douce, une moyenne et une rude.

§ VI. *Labiales. M, B, P, F, V.*

Les lettres labiales sont les premières que les enfans prononcent; *M* en est la douce, *B, P*, les moyennes, *V* et *F* les rudes. L'organe des lèvres, étant le premier et le plus aisé à mettre en jeu, servit à peindre les premiers objets de besoin et d'affection, *Cum cibum et potionem buas et papas vocent, matrem mammam patrem papam* (Cato). *Ab, am, ap, ba, ma, pa*, entrent dans presque tous les mots qui, dans toutes les langues, expriment le *père* et la *mère* : ainsi, en égyptien *ama*, en samscrit *máta, ama*, en syriaque *emo*, en chinois *mou*, en basque *ama*, en bas-breton *mamm*, etc., signifient *mère*; *ap apa* en égyptien, *ab* en hébreu, *pitá* en samscrit, etc., signifiaient *père*. *M*, étant la lettre la plus douce, devait naturellement être employée par les enfans pour exprimer l'être le plus doux et le plus cher.

Mais il est des peuples qui prononcent plus ou moins facilement ces lettres.

Les Chinois font plus souvent usage des labiales *F V* que des autres; ainsi, pour exprimer père, ils disent *foù*, d'autres les prononcent encore plus difficilement; alors les dentales forment pour eux la première série des consonnes (*V*. dentales).

Les labiales sont souvent substituées les unes aux

autres ; ainsi *M* devient quelquefois *B*, lorsqu'elle est intermédiaire, et *N* quand elle est finale.

B est souvent pris pour *P*, et réciproquement, et pour *V* ; ainsi les Grecs modernes prononcent *vita* les lettres que les anciens Grecs prononçaient *béta* ; *pater* a été fait *vater* en allemand, *father* en anglais ; de βοσχω les Latins ont fait *pasco*, de στειϐω, *stipo*, etc.

B a aussi été substitué à des voyelles brèves ; ainsi de *numerus* on a fait *nombre*, de *humilis*, *humble*, etc.

P a été changé en *G, K, CH* : de *spuma* les Italiens ont fait *schiuma*; *scoglio*, de *scopulus*, etc.

B et *F* se changent mutuellement ; ainsi βλυω a produit *fluo*; βρεμω, fremo, *frater* est devenu *bruder* en allemand.

Il en est de même de *B* et *M*; βραϐειον a fait *præmium*, *marmor*, *marbre*, etc.

V et *F* ont souvent remplacé le *B* et le *P*: *habere*, *avoir*, *recipere*, *recevoir*, etc. *V* a été aussi changé en *G*, *levis*, *léger*, *abreviare*, *abréger*; de πυρ ; les Allemands ont fait *feur*; de πꝏς, *pied*, *fuss*; de *pellis*, *fell*, etc. *V* est entré naturellement dans les mots qui expriment le vent, *vata* en samscrit, *vaï* en copte, *avel* en bas-breton, *fung* en chinois; *F* ou φ ou *ph*, a été changé quelquefois en *V*, ou en *H*: de *perire* le Castillan a fait *herire*; *bref* devient *brève*, en changeant de genre, etc.; on l'a substituée au Θ; de θηρα on a fait *fera*; de θυρα, *forès*, etc.

Les *Hurons* et les peuples du *Canada* ne peuvent pas prononcer les labiales, qui sont naturellement remplacées par les dentales.

§ VII. *Dentales. TH, D, T.*

Les dents ont pour douce *th*, prononcée comme les Grecs et les Anglais, pour moyenne *D*, et pour rude *T*.

Les dentales, produisant une prononciation bruyante, stridente, arrêtée, retentissante, tintée, ferme, entrèrent dans les mots exprimant la stabilité, la résistance, la ténacité, les éclats de la foudre ou d'un volcan, comme Virgile en a donné exemple : *juxta tonat Ætna ruinis*.

Elles forment la seconde série des consonnes, que les enfans prononcent le plus facilement; il est même des pays où ces lettres forment les mots qui expriment les premières affections : ainsi en hongrois *aita* signifie père, en samscrit *pitá*, *táta*, en bas-breton *tad*, en géorgien *deda, mère*, etc., et les premiers besoins, τιττειν téter, τιθος mamelle, etc. On a remarqué que le nom de *barbares* fut appliqué aux peuples qui prononcent plutôt les labiales, et *tatares* à ceux qui prononcent plus facilement les dentales.

D a été souvent changé en *t*; les Germains de της το ont fait *der, die, das*, et chez nous *D* remplace quelquefois le *g* latin : pingere, peindre, tingere teindre, et la voyelle brève, *tenero* tendre, *ponere* pondre. Dans les mots passés du celtique et du grec au latin, *D* et *B* ont été substitués souvent l'un à l'autre. Les Éoliens disaient βελφον pour δελφοι. Il a été aussi changé en *l* : Οδισσευς *Ulysses*, δακριμα *lacrima*, etc.

§ VIII. *Linguales L, N, R.*

La langue a pour douce *l*, pour moyenne *n*, et pour rude *r*.

L, qui n'exigeait qu'un effort léger de la langue contre le palais, a servi à former les mots qui expriment les choses douces et coulantes, *haleine, fluide, lait*.

N, qu'on peut considérer comme une consonne deminasale, concourt avec les voyelles pour former un son sourd, et produire des mots analogues; elle semble caractériser ce qui agit sur l'eau, sur les fluides, comme *navis*, *nubis*, νεφος, *nayades*, *nymphe*, etc.

R marque comme *l* des choses coulantes, mais celle-ci marque plutôt le souffle, l'haleine, tandis que l'*R* est entré dans presque tous les noms de rivières, de torrens, de bruit prolongé, etc. *R* se change en *S*: les Grecs disaient ταρρος et ταρσος; les Latins *honos* pour *honor*, *vomer* et *vomis*, etc.

L a souvent été changé en *i* et *y*; de *plus*, l'Italien a fait *piu*, de *blada biada*, etc.; en français, deux *ll* précédés d'un *i* prennent le son *y*, l'Italien l'a encore changé en *u* et en *r*; on disait κριβανος ou κλιβανος, *four*, διαιρειν ou διελειν *diviser*. *Lilium* vient de λειριον; *varius*, de βαλιος, *balbier*, en allemand, *barbier* en français; *N* a été substitué en espagnol à *l*, ainsi *guirlande*, *guirnalda*. Les Portugais ont de la peine à prononcer cette lettre, et la suppriment souvent, ainsi que l'*l* et l'*r*. *L* et *N* se changent réciproquement, les Grecs disaient φιλτις et φιντις, *cocher*, πνευμων et πλευμων; *himmel*, *ciel*, en allemand, *himin* en goth, etc.

R ne se trouve pas dans la langue chinoise; cette lettre et *l* sont mis en samscrit au nombre des voyelles, les Indiens ne faisant entendre, en les prononçant, qu'une très faible intonation.

§ IX. *Palatales Z, S, J ou G doux, ch et x.*

Le palais a pour lettre douce *z*, renforcé par *s*, pour moyenne *j* ou *g*, pour rude *ch* et *x*.

Ces lettres sont sifflantes et chuintantes, et produisent des mots analogues.

Elles expriment l'action de hacher, de fendre : ce dernier mot est rendu en hébreu par *shalakh*, en samscrit par *djach*; *casser*, par *kach*, en égyptien.

Z a été souvent substitué à l'*s* et à *ch*, en italien; les Allemands le prononcent comme l'*s* et l'ont substitué au *d* ; ainsi de *décem* ils ont fait *zehem*, de δυοι *zwei*, etc.

S est dans presque toutes les langues la consonne finale d'un grand nombre de substantifs. En grec elle remplaçait souvent les ττ ; ainsi on disait ταλασσα et ταλαττα, etc. *J* a été substitué à l'*i* et à *si* ; les Italiens le changent en *gi*. Il a souvent remplacé l'*i*, comme *somnium*, songe, etc. ; les Flamands prononcent difficilement cette lettre.

§ X. *Gutturales*, *gn*, *g* dur, *k*.

La gorge a pour lettre douce le *gn*, pour moyenne *g* dur et pour rude *k*.

Ces lettres peignent la cavité, les choses qui contiennent, qui couvrent, comme καπτω, *creuser*, *khour* en samscrit, *karah* en hébreu ; *gargarth*, *gorge* ; *gebo*, *gobelet*, etc. *C* ou *k* a été changé en *g* dur, en *s*, et *sce* ; au lieu de *Chrysostomus* on a dit *Grisostomo*, de *æqualis* on a fait *égal*, etc. ; en *f*, et réciproquement χολη est devenu *fel*, χλοος *flos*, χυτος *futus*, etc. ; en *z* et réciproquement, κρικος *cerculus*, en germain *zirkel* ; *musca* vient de μυξειν, etc. *G* se change en *H* et réciproquement, de χειμα on a fait *hyems*, de χαμαι *humi*, de *hortus* on a fait *garten* en allemand, puis *yard* en anglais, et *jardin* en français. Il a été substitué au *W* ; ainsi de *Walter* on a fait *Gauthier*, etc. Il a été substitué en italien à l'*e* et à l'*i*. Il faut faire attention à la manière dont les mots sont écrits, et non à celle dont ils sont prononcés ; l'une est toujours la même, l'autre est variable à l'infini.

En général, dit Court de Gébelin (*Hist. de la parole*), les consonnes correspondantes ont été sans cesse substituées les unes aux autres, surtout celles du même organe : de αγχω on a fait *ango*, etc.

§ XI. *Nasales, an, en, in, on, un, etc.*

On peut considérer les nasales comme formant une classe distincte des voyelles et des consonnes ; c'est la réunion sourde de celles-ci qui la produit. On les rencontre peu dans les langues primitives ; elles sont entrées dans les mots qui expriment l'aversion, le refus, le dégoût, la négation, le doute.

§ XII. *Réunion des consonnes.*

Deux organes se réunissent souvent pour ne former qu'un son où se distinguent deux ou même trois consonnes, comme *gn, dj, tr, str, spl, gl,* etc. La combinaison des consonnes avec les liquides est la plus fréquente et joue un grand rôle dans toutes les langues ; mais on voit rarement un seul organe prononcer deux ou trois des intonations qui lui sont propres, comme *pb, mb, td,* etc., et cette réunion serait inutile, puisqu'on n'y distinguerait qu'une seule intonation. Les consonnes ainsi réunies ont servi à exprimer le *bruit,* la *fixité,* la *raideur.*

Il ne faut pas oublier que les climats influent beaucoup sur les organes de la parole ; ils rendent certaines articulations faciles à tel peuple et difficiles à tel autre ; ce qui fait que dans le passage d'une langue d'un pays à un autre elle subit tant de transformations. Les langues de l'Orient ont une harmonie, une douceur, une mollesse propres à ce climat ; les langues du Nord sont rudes, hérissées de consonnes, fortement accentuées ; les labiales sont particulièrement propres aux peuples du Midi, les dentales aux Orientaux, les gutturales aux peuples du Nord et les palatales aux Occidentaux.

§ XIII. *Objets sensibles. Onomatopées.*

Nous venons de voir, dans un résumé succinct, quelles sont les propriétés de chaque lettre, les mots particuliers qu'elle contribue à former, et les changemens, les transformations que les climats et le temps lui font subir. On comprend comment chaque articulation en particulier, ou combinée avec d'autres, a pu former des mots imitatifs des objets; car cette faculté de varier sa voix à l'infini ne constituait pas encore pour r l'homme un langage; ces sons et intonations ne pouvaient avoir qu'une signification vague, indéterminée, s'ils n'étaient employés à propos et d'après des règles naturelles, et nullement arbitraires. On ne peut pas dire que, dans une certaine contrée, un homme parut, qui inventa les mots pour établir une communication plus aisée entre ses semblables; il fallait qu'il se fît comprendre, c'est-à-dire que les hommes pussent déjà se communiquer, non pas seulement leurs sensations physiques, mais des idées; en sorte qu'une langue ne pouvait s'établir qu'à l'aide d'une langue antérieure, ce qui n'en marque pas l'origine.

L'homme avait en lui les premiers élémens de la parole; il trouva dans la nature de quoi les appliquer et les étendre, sans être obligé de recourir à des moyens arbitraires; il procéda par imitation ou *onomatopées*, c'est-à-dire qu'il peignit autant qu'il était possible, par la conformation des organes vocaux, les objets dont il voulait réveiller le *souvenir et l'idée dans l'esprit* de ceux à qui il parlait. C'est donc d'après les sensations que les mots furent formés, et, comme dit M. *C. Nodier,* en raison de l'aspect le plus saillant sous lequel les choses apparurent. Il suffit de considérer comment procèdent les enfans, qui veulent exprimer quelque chose d'imprévu, d'extraordinaire qui les frappe; l'éducation ne leur ayant pas encore appris tous les termes consa-crés dans le langage actuel, ils inventent des mots qui ne sont autres que des onomatopées. C'est ainsi qu'ont procédé les premiers peuples. Celui qui avait rencon-tré un animal contre lequel il avait eu à se défendre, pour l'indiquer à un autre, imitait le cri de cet ani-mal, et achevait par des gestes expressifs d'en définir l'espèce et la grandeur déjà connues de celui à qui il parlait; ainsi en égyptien *iô* signifie âne, *éhé* bœuf, *crour*, grenouille, etc. On commença par rendre les choses qui frappent les oreilles, parce qu'ayant leur correspondant dans les intonations de l'instrument vo-cal, elles étaient les plus faciles à peindre.

Les choses qui frappent la vue forment une seconde classe de mots un peu plus difficiles à rendre que les premiers. *Cap, cav, couf, gouf*, etc., désignèrent les choses creuses; *st* marque la fixité; *str* marque la ru-desse; *ac, ag, agg, anc, ang* marquent l'effort, la répulsion et toute autre action analogue; *angl, anchr, erg*, etc., ajoutent à ces mêmes actions et marquent aussi ce qui est *pointu, aride*, etc. Nous avons déjà vu que les choses coulantes, fluides se rendaient par *l* et *r*; l'*f* ajoute à cette action lorsqu'elle précède ces liquides; *fl* marque aussi la mobilité.

Les hiatus, comme ααζω, marquent bien la respira-tion. Ajoutons que la comparaison, le rapprochement de ces mots avec ceux qui frappent l'oreille, offraient les moyens d'en peindre de nouveaux.

On voit que la représentation des choses qui frap-pent l'œil n'était pas entièrement dans l'imitation, mais dans une certaine manière d'être des organes s'accordant avec elles.

Enfin, disons avec Condillac (*Orig. des Connais. hu-maines*) que la parole conserva le caractère des gestes, et que, pour tenir la place des mouvemens violens du corps, la voix s'éleva et s'abaissa par des intervalles très-sensibles.

Mais de même que l'éducation détruit chez l'enfant cette disposition à imiter la nature, le temps, de nouvelles découvertes, de nouvelles connaissances, livrant peu à peu l'intelligence à ses propres forces, revêtirent le langage de formes insensiblement plus arbitraires, plus éloignées de la nature.

§ XIV. *Objets insensibles; Analogies.*

Les objets physiques, par leur bruit ou leurs formes, se présentaient d'eux-mêmes, en quelque sorte, aux efforts de l'homme, pour les représenter d'une manière plus ou moins exacte à l'aide de ses organes vocaux; il n'en était pas de même des objets insensibles, des idées, des affections de l'âme; il fallait un moyen autre que ceux déjà employés, et qui cependant ne s'écartât pas de la nature; on procéda par analogies en assimilant les mouvemens bons ou mauvais de l'âme aux objets physiques bons ou mauvais. Aussi trouve-t-on dans presque tous les mots employés à cet usage, les deux qualités physique et morale; par exemple, *esprit*, dans son acception primitive, signifie *souffle, respiration*; *admirer* vient de *mihr, soleil; expédier*, de *pes pedis; délire*, de *délirare; labourer un champ de travers*. Les sensations intérieures furent exprimées par les mots qui peignirent les sensations extérieures; cette manière de procéder forma le style figuré si commun à toutes les langues primitives, et qui a passé dans toutes les autres. Enfin, comme dit fort bien M. *Ch. Nodier*, l'onomatopée a été l'agent mécanique du langage, et la comparaison, son agent intellectuel.

§ XV. *Termes de distinctions.*

Cependant les objets apparaissent avec des modifications qu'il fallait marquer; ils sont en différens

nombres, en différentes espèces, en différentes qualités. Le terme général du *pluriel* désigna la première
modification; et, comme le couple ou le nombre 2 est
celui qui se rencontre le plus fréquemment dans la
nature, un léger changement dans la désinence du
mot produisit le *duel*, que *A. Smith* regarde comme
indiquant les bornes d'une énumération impuissante.
La première distinction établie entre les objets d'une
espèce semblable, mais de qualités différentes, fut
celle du sexe : on la marqua par la modification du
mot à sa finale, et par des lettres plus ou moins caractéristiques du genre; les consonnes ou lettres rudes
servirent à la marque du masculin, et les lettres douces
et les voyelles marquèrent le féminin. Cependant l'état
d'ignorance où se trouvaient ces premiers hommes
ne leur permettait pas toujours de distinguer les genres.
Des animaux leur parurent n'avoir aucun sexe, d'autres
leur parurent avoir les deux; pour les reconnaître
dans leur espèce indécise, ils modifièrent la finale
des mots qui les exprimaient par des lettres moyennes
ou tenant le milieu entre celles qui caractérisent les
deux sexes: de là fut formé le neutre, ou le commun
genre, appliqué surtout aux choses inanimées, auxquelles on affectait, comme aux animaux, la marque
des différens genres lorsqu'elles paraissaient avoir des
qualités analogues; on se réglait alors sur leur force
ou leur faiblesse, sur leur grandeur ou leur pe-
titesse, etc.

La distinction des sexes amena celle des qualités
physiques, et ensuite des qualités morales; la grandeur
et la force pouvaient, jusqu'à un certain point, être rendues par des intonations accompagnées de gestes ; mais
les autres qualités, telles que la beauté, la bonté, etc.,
exigeaient quelque effort d'abstraction de la part de
ces hommes.

Ce n'était plus dans la modification des mots déjà

distingués par la représentation de l'objet, par son nombre et son genre, mais dans la création d'une nouvelle espèce de mots, qu'il fallait lui trouver une expression; de là la création, en procédant par analogie, des adjectifs, auxquels on affecta la même finale qu'aux substantifs, pour avertir que la qualité rendue par ce mot appartenait au substantif doué de cette finale.

Cependant, à mesure qu'on avançait dans la formation des langues, on épuisait les monosyllabes; ensuite, d'autres objets se présentant avec des qualités semblabes à celles d'objets déjà connus, on en vint tout naturellement à allonger les mots qui exprimaient ces derniers, pour rendre les nouveaux venus au moyen de lettres qui pouvaient en marquer les nuances. Pour exprimer un objet doué de deux ou trois qualités, on n'eut qu'à réunir deux ou trois mots déjà connus et possédant ces qualités. Les mots alors avaient une signification très-absolue et précise, n'étant accompagnés que d'un petit nombre de signes auxiliaires.

C'est ainsi que les mots déjà employés étaient comme les élémens de nouveaux mots: une syllabe qui rendait tel objet avec son genre, sa qualité, en se joignant à une autre peignant aussi un objet avec son genre et sa qualité, formait un troisième mot participant des deux autres.

§ XVI. *Noms propres.*

On peut ranger les noms propres au nombre des premiers mots inventés pour désigner des lieux et des personnes suivant les qualités qui les distinguaient. Ces mots qualificatifs dispensaient d'une définition, d'une description, et désignaient sinon, exactement, au moins en général, et plus brièvement, une personne absente ou celle qu'on appelait, ainsi que les lieux signalés par quelque caractère physique ou traditionnel. Ces derniers ne subirent pas beaucoup de métamorphoses, leur aspect étant presque toujours le même; mais les noms d'homme devaient se renouveler à chaque génération; cependant les fils héritèrent souvent des noms de leurs pères par l'addition au mot d'une particule qui pouvait signifier *fils de*. Comme la plupart, apparaissaient avec des qualités particulières, ils portèrent, outre ce nom, un ou deux autres noms qui, les définissant eux-mêmes, les désignaient plus personnellement.

Tous les noms propres, *dit M. Ch. Nodier*, sont des mots réels qui représentent une chose ou une idée; les noms propres et les noms locaux se sont fait des emprunts perpétuels dans tous les âges et dans tous les pays.

§ XVII. *Termes de rapports.*

Selon Adam Smith, il y a quatre classes d'idées d'où dérivent ensuite toutes les autres : ce sont, 1° les substantifs; 2° les genres; 3° les attributs de faits ou d'existence; 4° les relations ou rapports. On dut commencer par l'invention des substantifs ou noms propres, qui devinrent bientôt des noms communs, après qu'on eut observé la ressemblance des objets : de là on forma facilement le genre et les espèces; on en vint bientôt aux attributs et aux relations, ce qui fit créer des adjectifs et des prépositions; ces dernières furent d'abord inhérentes aux mots qu'elles modifiaient au commencement ou à la fin.

Pour marquer la place d'une chose ou d'une personne, par rapport à d'autres, les gestes furent d'abord naturellement employés, comme ils le sont encore en pareil cas, mais pour les choses ou les personnes présentes. On peut conjecturer que les sons qui accompagnaient ces gestes furent consacrés dans la suite pour exprimer les rapports des personnes ou des choses absentes; on en trouverait une preuve dans les prépositions des langues primitives, lesquelles sont presque toutes des voyelles et des monosyllabes brefs et expressifs, en sorte qu'on y retrouve le caractère des gestes qu'elles ont remplacés; les unes furent rendues par des monosyllabes séparés des mots ou joints à leurs initiales; d'autres furent rendues par les désinences modifiées de ces mêmes mots, ce qui produisit les cas; ou bien, ces désinences furent détachées des mots dans certaines langues, et formèrent des articles.

§ XVIII. *Autres; Verbe.*

Jusque-là on avait fait peu d'efforts d'abstraction ; mais à mesure qu'on avançait dans la création de termes exprimant les rapports, la nature n'offrait plus d'élémens à l'esprit humain, qui, pour la première fois peut-être, ne consultant que lui-même, se reconnut des moyens que la nature ne lui présentait pas : il commença à les exercer à la confection du langage, en créant le Verbe. Les substantifs et les adjectifs pouvaient déjà marquer l'état présent, déterminé; mais l'état des êtres modifiés par l'action en divers temps et divers modes exigeait des termes particuliers. Il est probable que le verbe *être*, dont l'expression se rapporte à l'état général de toutes les personnes et de toutes les choses, fut le premier usité, et dut même suffire lui seul pendant long-temps pour marquer cet état; joint aux substantifs, il marquait les diverses manières d'être ; ainsi, pour dire *voir*, on le joignait au mot qui exprimait l'*œil*, et, selon que cette action était passée, présente ou à venir, ce verbe subissait tel ou tel changement. La langue des anciens Chinois en offre un grand nombre d'exemples. C'est alors qu'on put décrire un événement ; mais, comme ce verbe conservait encore le caractère du substantif, il devait être impersonnel et ne pouvait servir qu'à généraliser l'événement. L'impératif fut un des premiers temps employés pour exprimer les actions relatives aux personnes ; ce temps est le plus bref et le plus énergique. Le verbe *être* amena insensiblement tous les autres ; ses formes de modes et de temps attachées aux finales d'un substantif servirent à spécialiser ou détailler l'action déjà marquée, mais d'une manière trop générale, par ce substantif, qui, dans cette nouvelle forme, conserva les marques du singulier, du pluriel et du duel, et qui, rapporté à un autre substantif, servit à lui communiquer l'action qu'il exprimait, selon le temps, les circonstances et les modes.

(Voir pour plus de détails le résumé grammatical des quatre langues primitives, chinoise, égyptienne, indienne et hébraïque, chap. III).

CHAPITRE II.

FORMATION DE L'ÉCRITURE.

§ XIX. *Origine*.

Tout ce que j'ai dit sur l'origine du langage parlé s'applique à celle du langage écrit, et avec plus de raison encore, puisqu'il nous reste des monumens des premiers essais de l'esprit humain dans ce second moyen de communication, lequel, consistant dans la représentation exacte des objets, ne laisse aucun doute sur son origine naturelle, la même qu'il faut attribuer au langage.

Si les plus anciens monumens de ce dernier n'offrent pas avec autant d'évidence cette même origine, c'est que d'abord les organes de la parole ne sauraient représenter les objets avec la même fidélité que le stylet ou le pinceau, et qu'ensuite les langues, en raison de leur extension, ont subi un grand nombre de changemens, de transformations, qui leur ont fait perdre insensiblement leur caractère primitif d'imitation et de simplicité ; tandis que l'écriture était peu répandue alors, et par conséquent moins sujette aux changemens. Ensuite sa durée était, pour ainsi dire, consacrée avec les monumens qui en étaient couverts et avec les légendes qui la faisaient respecter autant que les traditions dont elle traçait et conservait la mémoire.

Avant les hiéroglyphes mêmes, on se servait, chez les Chinois et chez les Mexicains, de cordelettes chargées de nœuds, dont chacun rappelait un événement. Les peuples du Pérou avaient des *quipos* ou registres de cordelettes, dont les nœuds étaient de différentes couleurs et combinés entre eux ; ils renfermaient les annales de l'Empire, les revenus publics, les impôts, etc. Chez les Chinois, Fo-Hi, en 2951 avant Jésus-Christ, remplaça les cordelettes par les 8 *kouas*, dont les lignes horizontales et brisées, gravées sur des planchettes, se combinaient à volonté. Ces *kouas* étaient exposés dans les lieux les plus fréquentés, soit pour donner des ordres ou avertir de quelque solennité (*V*. planche 3). Mais ils ne pouvaient qu'indiquer des choses déjà connues par des signes qu'on leur appliquait ordinairement. Suivant les Chinois, les traces d'oiseaux imprimées sur le sable fournirent la première idée des caractères à *Tsang-Hié*, ministre de *Hoang-Ty* ; il appela ces caractères *niao-ki-tchouen* (lettres imitant la trace des pieds d'oiseaux) ; ils servirent à tracer les hiéroglyphes.

§ XX. *Hiéroglyphes.*

L'art de rendre le langage sensible aux yeux, de transmettre des idées et des événemens aux absens, fut contemporain et indépendant de l'art de la parole. C'est dans la peinture simple des objets même dont on voulut parler aux absens ou conserver le souvenir que consista la première espèce de cette écriture; la seconde espèce, concernant les objets insensibles, les idées, se fit par l'addition d'une figure à une autre, ou la combinaison de 3, 4, 5 figures entre elles. Ainsi les mêmes principes ont présidé au langage et à l'écriture, l'onomatopée et l'analogie; à cette différence près que l'un parlait à l'oreille et l'autre aux yeux dans le premier cas, mais l'un et l'autre à l'esprit dans le second cas. On peut donc dire, avec raison, que tous les premiers mots parlés ou écrits des langues primitives ont leur raison dans la nature; ces derniers avaient peut-être sur les autres l'avantage de faire naître d'un seul coup-d'œil une foule de souvenirs; mais il fallait en quelque sorte deviner les abstractions qu'on ne pouvait peindre que par des symboles et signes arbitraires qu'on leur adjoignit plus tard. Néanmoins, chez beaucoup de peuples, cette manière d'écrire subsista fort long-temps; les Chinois l'ont conservée jusqu'ici, et les Américains, lors de la découverte du nouveau monde, en faisaient encore usage. On peut croire, dit fort bien *de Humbold,* que le perfectionnement des signes symboliques et la facilité avec laquelle on peignait les objets, avaient empêché l'introduction des lettres. Néanmoins, comme nous le verrons plus loin, les Egyptiens se servirent à la fois d'hiéroglyphes figuratifs, symboliques, et phonétiques ou syllabiques. C'est donc en détaillant les moyens graphiques employés par ces peuples, d'après Champollion, le P. Cibot,

Abel Rémusat et de Humbold, qu'on peut donner une idée exacte de l'écriture primitive.

§ XXI. *Formes et nombre des hiéroglyphes égyptiens et chinois.*

La forme des signes égyptiens et chinois représentait assez grossièrement, surtout chez ces derniers, les objets dont on voulait rappeler le souvenir. On trouve dans les signes employés par ces deux peuples la représentation 1° des corps célestes. Les Egyptiens en avaient dix images, parmi lesquels se trouvent principalement le soleil, la lune et les étoiles; les Chinois en comptent sept.

2° De l'homme et de la femme. Les Egyptiens comptent 120 signes qui s'y rapportent; les Chinois 23, où l'on remarque les parties intérieures et extérieures du corps. Pour les membres, les Egyptiens ont 60 signes, les Chinois 27.

3° Des animaux. Les Egyptiens ont 10 signes pour les animaux domestiques, entre lesquels on remarque le bœuf, la vache, le bélier, la chèvre, le bouc, le cheval; 24 pour les animaux sauvages, tels que le lion, la panthère, le chacal, le rhinocéros, l'hippopotame, le lièvre, etc.; 22 pour les membres de ces animaux; 40 pour les oiseaux et membres de ces oiseaux, tels que l'aigle, la caille, l'épervier, le vautour, etc.; 10 pour les poissons qui vivent dans le Nil; 10 pour les reptiles et portions de reptiles, tels que la grenouille, le lézard, etc.; 4 pour les insectes, tels que l'abeille, la mante, le scarabée, etc.

Chez les Chinois on trouve cinq images pour les animaux domestiques, le bœuf, le chien, le cheval, le mouton et le cochon; 7 pour les animaux sauvages, tels que le léopard, le cerf, deux sortes de lièvres, etc.; 11 pour les oiseaux, tels que le corbeau, et deux espèces d'hirondelles, l'une désignant tous les oiseaux à queue courte, et l'autre tous les oiseaux à queue longue ; 2 pour les poissons, l'une générique de tous les poissons allongés, et l'autre de tous ceux à forme arrondie ; 7 pour les animaux inférieurs aux poissons, un pour les insectes, un pour les grenouilles, un pour les coquilles, 2 pour les serpens.

4° De la terre. Champollion ne marque pas le nombre des signes égyptiens se rapportant à la terre. On y découvre la représentation de l'eau du Nil. Chez les Chinois, il y a 17 signes pour les montagnes, les collines, les sources, l'eau, le feu et la pierre. Les Égyptiens ont 60 images pour les plantes, les fleurs et les fruits ; les Chinois en ont 26, presque toutes génériques : on y distingue le riz, le millet, le bambou.

5° Des produits de l'art. Les Égyptiens ont 24 images pour les édifices et constructions, 80 pour les chaussures, armes, coiffures ; 20 figures et formes géométriques, lignes droites, lignes courbes, angles, triangles, parallélogrammes, cercles, sphères, poligones, etc. ; 100 pour les meubles et autres objets d'art ; 150 pour les ustensiles et instrumens de divers états ; 30 pour les vases, les coupes. On trouve dans l'écriture chinoise 11 signes pour l'art de bâtir, parmi lesquels on distingue des *toits*, une sorte de magasin ou grenier, deux sortes de vases, une espèce de guérite, etc. ; 3 pour les habits ; 2 pour les bonnets ; 35 pour les meubles, ustensiles et instrumens ; 9 ou 10 pour les armes, telles que flèches, haches, etc.

6° Des êtres fantastiques. Les Egyptiens possèdent cette sixième sorte de caractères, au nombre de 50, tels que des corps humains unis à des têtes de divers animaux, des serpens, des vases montés sur des jambes d'homme, des oiseaux, des reptiles à têtes humaines. On ne trouve point de ces caractères bizarres chez les Chinois.

Les Aztèques, peuples de l'Amérique, avaient des hiéroglyphes simples pour l'eau, la terre, l'air, le vent, le jour, la nuit, etc. (*V.* planche 1.)

§ XXII. *Tracé des figures.*

Les Égyptiens avaient plusieurs manières de tracer leurs signes : 1° eu bas-reliefs très-surbaissés ; 2° en bas-reliefs dans le creux pour la conservation des caractères ; 3° sur la pierre et le métal, où l'on traçait, avec un instrument aigu, les contours et tous les détails intérieurs de l'hiéroglyphe. Souvent on ne voit aucun détail dans l'intérieur du caractère, ce qui forme une silhouette noire ou d'une autre couleur. Une dernière sorte d'hiéroglyphes égyptiens sont ceux appelés linéaires, parce qu'ils n'offrent qu'un trait, qu'une esquisse abrégée des objets. On traçait aussi ces caractères sur le papyrus, sur la toile et sur le bois, avec un roseau qui sert encore aux Arabes pour leur usage graphique.

Les Chinois n'ont jamais montré beaucoup d'art ni de goût dans le tracé de ces figures, qu'ils rappetissèrent au point de les réduire à quelques traits. *Khôteou* est la plus ancienne espèce d'écriture ; ce nom, qui signifie Têtards, lui vient de ce que ses traits ressemblaient à cet animal

Dès les plus anciens temps, les Chinois réduisirent plusieurs caractères à six traits (*V.* planche 3) qui sont entrés dans la formation de beaucoup d'autres. Pour éviter la confusion, on a fixé le nombre des lignes qui forment les 200 images et symboles élémentaires, et cette abréviation est nommée *poù* ; elle influe beaucoup dans la signification des caractères.

Les Chinois écrivaient sur le bambou et sur des pièces de toile ; le papier ne leur fut connu que sous la dynastie de *Han.*

Les manuscrits aztèques sont peints, les uns sur des peaux de *cerf*, les autres sur des toiles de *coton* ou sur du papier de *Magney*.

Chez les Mexicains, les hiéroglyphes n'étaient pas tracés sur des feuilles séparées ; on pliait les manuscrits comme l'étoffe de nos éventails. Deux tablettes d'un bois léger étaient collées aux extrémités, l'une par-dessus, l'autre par-dessous.

§ XXIII. *Dispositions des figures.*

Les hiéroglyphes égyptiens, dans les manuscrits, étaient disposés ou en colonnes verticales se succédant de droite à gauche, la tête des animaux regardant vers la droite, ou en colonnes perpendiculaires se succédant de gauche à droite, la tête des animaux regardant vers la gauche. Dans les bas-reliefs et peintures ils étaient disposés en lignes horizontales, les signes se succédant de droite à gauche, la tête des animaux vers la droite, ou enfin en lignes horizontales, les signes allant de gauche à droite, la tête des animaux vers la droite.

Chez les Chinois, les caractères se placent les uns sous les autres, en colonnes verticales rangées de droite à gauche ; dans les inscriptions composées d'un petit nombre de mots, où le peu d'espace ne permet pas d'écrire verticalement, on dispose les caractères l'un à côté de l'autre, en commençant par la droite.

Les Mexicains rangeaient leurs figures de droite à gauche, en commençant par le bas.

§ XXIV. *Différentes sortes.*

Les Égyptiens avaient trois sortes de signes hiéroglyphiques, 1° caractères figuratifs, ou image même des objets dont ils voulaient parler ; 2° les caractères symboliques ou combinés; 3° caractères phonétiques ou figurant les sons.

Les Chinois en ont six sortes: 1° les caractères figuratifs *(siang-hing)*, c'est-à-dire images; **2°** caractères indicatifs *(tchi-ssé)*, marquant les choses; 3° les caractères combinés *(hoeï-i)*; 4° les métaphoriques *(kia-tsieï)*; 5° les caractères syllabiques, ou figurant les sons *(hing-ching)*; 6° les caractères retournés, ou invers *(tchhouan-tchu)*, qui alors obtenaient une signification inverse de leur signification primitive; leur nombre est peu considérable.

§ XXV. 1ʳᵉ sorte. *Signes figuratifs.*

Les Égyptiens avaient trois sortes de caractères figuratifs : 1° les caractères figuratifs propres, 2° les caractères figuratifs abrégés, 3° les caractères figuratifs conventionnels.

Les caractères figuratifs des Chinois, appelés *siang-hing*, étaient de vraies images des choses; ceux nommés *tchi-ssé*, ou indication des choses, ont un sens très-étendu et représentent ce qu'ils signifient, indépendamment de toute idée antérieure de tout raisonnement, en quelque endroit qu'ils soient placés.

Zoëga(1) rapporte que chez les Américains les choses qui avaient une forme corporelle étaient représentées dans leurs propres figures, et celles qui n'en avaient pas l'étaient par d'autres caractères significatifs : pour dire *je me confesse*, ils peignaient un indigène à genou devant un religieux dans l'attitude d'un homme qui se confesse; pour dire *Dieu tout-puissant,* ils peignaient trois têtes ornées de couronnes, ce qui représentait la Trinité.

______

(1) *De usu obelisc.*

§ XXVI. *Deuxième sorte. Signes symboliques.*

L'écriture hiéroglyphique ne pouvait pas représenter tous les objets; pour peindre les affections morales et les rapports, il fallait procéder par analogie en combinant les images entre elles. On exprima les qualités des objets déjà représentés par la peinture d'autres objets portant en eux-mêmes ces qualités, ce qui formait des comparaisons et dés assimilations; alors on procéda 1° par *synecdoque*, c'est-à-dire en peignant seulement la partie pour le tout, 2° par *métonymie*, c'est-à-dire en peignant la cause pour l'effet; 3° par *métaphore*, c'est-à-dire en se servant de l'image d'un objet pour exprimer l'idée d'un autre.

Les images symboliques des Égyptiens, servant à exprimer les noms propres de divinités, offrent des corps avec ou sans bras, dont la tête est remplacée par celle d'un quadrupède ou d'un oiseau, etc.; ce qui venait de la similitude qu'on formait entre certaines divinités et certains animaux, suivant leurs qualités, leurs fonctions, et leurs habitudes, ou bien on représentait entier un animal consacré à chaque divinité, et il exprimait lui-même cette divinité; ou bien encore ces noms s'exprimaient par la représentation de portions d'êtres ou d'objets inanimés. Ainsi un œil était le symbole d'Osiris et du soleil; mais les caractères égyptiens se combinaient plus rarement entre eux que les caractères chinois; ils s'employaient presque toujours isolément.

Suivant Horapollon, les Égyptiens représentaient le *lever du soleil* par *deux yeux de crocodile*, parce qu'ils semblent sortir de sa tête; une *veuve non remariée* par un *pigeon noir*; une personne morte d'une fièvre occasionée par la trop grande chaleur du soleil par un *scarabée* privé de la vue; un roi inexorable indisposé contre son peuple par un *aigle*; un homme qui exposait ses enfans, par un *faucon*, etc., etc.

3

Les Chinois procédèrent pour former des caractères composés 1° en mettant 2, 3 ou 4 fois la même image; 2° en joignant les images ou symboles à un autre; 3° en accouplant un symbole avec une image; 4° en unissant un symbole à deux images ou plusieurs symboles à plusieurs images.

Les caractères nommés *kia-tsée* renferment dans un sens toutes les autres classes de caractères chinois; telles que 1° les images qui passent du sens propre au sens figuré; 2° tous les symboles qui sont transportés de leur sens primitif à un second ou à un troisième; 3° tous les caractères composés d'images ou symboles qui acquirent une nouvelle signification par analogie et par extension; ce qui fait correspondre exactement cette classe aux caractères symboliques des Egyptiens; car on y trouve la *synecdoque*, la *métonymie*, etc. Le sens métaphorique dans lequel on prend les caractères est poussé quelquefois jusqu'à l'*antiphrase*.

La classe nommée *tchhouan-tchou* contient les caractères composés des mêmes symboles ou images, mais différemment combinés, étant à gauche dans l'un et à droite dans l'autre, en haut dans celui-ci, en bas dans celui-là, pour en différencier la signification; elle contient aussi les caractères dont la signification propre est étendue à tous les sens qui en dépendent ou s'y rapportent.

On ne rencontre dans les caractères chinois rien qui se rapporte à la religi:, à la morale, ni à l'astronomie, ce qui décèle l'état encore nomade où ils se trouvaient lors de l'institution de cette écriture. Dans cette écriture ancienne (nommée *koù-wen*), on marquait rarement les rapports. (*V.* la Grammaire, ch. III.)

Les Mexicains individualisaient l'action, mais ils n'avaient pas de moyens pour exprimer les sentimens.

Les *Aztèques* avaient des signes pour les nombres,

pour les jours et les mois de l'année, qui, ajoutés à la peinture d'un événement, marquaient le jour ou la nuit où cet événement avait eu lieu, l'âge des personnes, si elles avaient parlé, et celles qui avaient parlé le plus.

§ XXVII. *Troisième sorte. Signes phonétiques.*

Nul doute que les Egyptiens ont eu, dès la plus haute antiquité, ainsi que les *Indiens* et les *Hébreux*, une écriture alphabétique indépendante des hiéroglyphes, qui devaient cependant l'avoir précédée; mais, ayant conservé cette dernière forme primitive sur les monumens et légendes sacrées, et continuant de la mettre en pratique, parce qu'elle leur semblait plus conforme à leurs traditions religieuses dans ses expressions figuratives et symboliques, ils affectèrent bientôt aux lettres elles-mêmes une forme hiéroglyphique pour les faire entrer d'une manière uniforme dans les deux autres systèmes graphiques, et les faire se prêter un mutuel secours; on peut ajouter une troisième raison : c'est que les Egyptiens, peu communicatifs à l'égard des étrangers, trouvaient dans ce système d'écriture exposée aux yeux sur les monumens de toutes sortes, pour mieux conserver leurs traditions sacrées, une garantie contre leur curiosité indiscrète.

Ainsi, dans ce troisième système, rien ne fut changé quant à la forme; ce furent toujours des images d'objets animés ou inanimés, d'ordre physique ou moral; mais, au fond, l'expression était toute autre; une voix ou une articulation avait pour signe l'image d'un objet dont le nom dans la langue parlée commençait par cette voix ou articulation; ainsi une foule d'objets différens représentaient une seule lettre lorsque dans la prononciation ils commençaient par cette lettre; ainsi un *aigle (akhôm)*, un *jonc (aké)*, un *morceau de viande* (*af*), etc., désignèrent l'*A*; une *cassolette* (*berbé*), etc., désigna le *B*; un *genou* (*keli*), une *coiffure* (*klaft*), etc., désignèrent le *K*; un *bassin* (*gmkidji*) désigna le *G*; un *scarabée* (*thorrés*), une *main* (*tot*), etc., désignèrent le *T* ou ⊙; une *lionne* (*laboi*) désigna *L*; une *chouette* (*mouladj*), un *amas d'eau* (*móou*), etc., désignèrent *M*; l'*eau de l'inondation* (*nov* ou *nef*), un *vautour* (*nouré*), etc., désignèrent *N*; une *natte* (*presch*), etc., désigna le *P*; une *bouche* (*ró*), une *larme* (*rimé*), etc., désignèrent l'*R*; une *étoile* (*siou*), un *lièvre* (*saragôousch*), etc., désignèrent *Ç* ou *S*; un *jardin* (*schné*), une *citerne* (*schei*), etc., désignèrent un *SCH*; une *hirondelle* (*djal*), etc., désigna un *DJ*; et ainsi de suite. (*V*. planche III.)

Comme dans les autres langues primitives, les voyelles médiales ne sont pas souvent représentées, parce qu'elles n'ont qu'une valeur très-vague. Les caractères phonétiques purent donc servir à deux usages, 1° à représenter les sons; 2° à symboliser une idée par le choix de tel ou tel objet pris parmi des homophones, et ayant figurativement rapport à l'idée qu'on voulait rendre. Ainsi il n'y eut rien d'arbitraire dans la représentation de tel objet plutôt que de tel autre, employés phonétiquement. Pour ajouter encore à l'idée qu'on voulait rendre, on se servait souvent, à la fois, des caractères figuratifs et des groupes de figures phonétiques; on désignait par la combinaison de ces deux sortes de caractères les choses ou les idées; mais on ne trouve que rarement les signes figuratifs et symboliques combinés ensemble.

Le système phonétique se divise en trois sortes d'écritures : 1° écriture hiéroglyphique pure; 2° écriture hiératique ou tachigraphie de la première; c'étaient des traits simples des images, conservant toujours leur valeur primitive; 3° écriture démotique ou populaire, qui procédait de l'hiératique, et offrait des traits encore

plus réduits et presque méconnaissables de leurs formes premières.

Les Chinois procèdent tout autrement que les
Égyptiens pour marquer les sons d'un caractère; aussi
ne voit-t-on aucune trace qu'ils aient jamais fait usage
de lettres proprement dites : voici, suivant De Gui-
gnes (1), comment ils s'y prenaient : on employa des
figures les plus simples, dont les sons réunis formaient
le son qu'on voulait exprimer; puis on imagina de
remplacer les hiéroglyphes difficiles à écrire par ces
nouveaux signes, en donnant à ces derniers la signification des premiers, sans avoir égard à celle qu'ils
pouvaient avoir par eux-mêmes. Chacune de ces lettres
a conservé la prononciation et la signification qu'elle
avait dans le principe. Tous les caractères ne sont pas
rendus par des sons particuliers; on ne compte que
deux tons principaux, 1° le *ping*, qui se subdivise en
deux *ping-ching* ou *chang-ping*, c'est-à-dire *tsing-ping-
ching*; le ton est égal, plein et clair; et *hia-ping*, c'est-
à-dire *tchò-ping-ching*, ton égal et obscur; 2° le *tsè*,
qui se divise en trois autres tons, le *chang-ching*, ton
élevé, le *kung-ching*, ton traînant, et le *jy-ching*, ton
rentrant ou pressé.

Il faut observer, avec le P. *Cibot*, que, comme dans les
rébus on prend le nom des choses pour en former un
mot ou une phrase avec qui elles n'ont aucun rapport,
de même, dans la classe appelée *hing-ching*, on n'a
égard qu'au son du caractère qu'on met à côté de
l'image générale : ainsi l'image d'oiseau avec un caractère à coté qui se lit *go*, signifie *oie*, avec celui de *ya*
une *canne*, de *tchi* une poule sauvage, etc. Cette
classe naquit de l'embarras que cause une trop grande
profusion d'images, et de la difficulté de les faire

---

(1) Dictionnaire chinois, préface, page XI.

assez ressemblantes dans de simple traits avec les poissons, les plantes, les oiseaux, etc.

La langue chinoise parlée est donc bien distincte de la langue écrite; elle consiste en quatre cent cinquante syllabes, portées à douze cent trois par la variation des accens, et servant à prononcer plusieurs milliers de caractères. Les mots commencent presque toujours par des consonnes qui ne sont jamais liées par des voyelles. Ils ne peuvent prononcer les lettres *b, d, e, l, r, x, z,* qui sont remplacées par *l, p, t, s*. Leurs lettres finales ordinaires sont *a, e, i, o, u ,* ou *l, n*. Leurs initiales *ch, tch, f, y,* ou *j, i, u, l, m, ng, p, s, h, v*.

Dans les peintures des Mexicains, les objets qui tenaient à une tête, par un fil, indiquaient à ceux qui savaient la langue du pays le nom de la personne désignée, qui était alors le même que celui de l'objet; ce qui n'était pas très-éloigné de la manière dont procèdent les Chinois. Les *Aztèques* avaient aussi des signes qui annonçaient les rapports, non avec les choses, mais avec la langue parlée; la réunion de plusieurs hiéroglyphes simples désignait un nom composé; c'étaient des signes qui parlaient à la fois aux yeux et à l'oreille. Les noms des villes et des provinces étaient tirés des productions du pays ou des usages des habitans; ils avaient aussi des signes qui rappelaient des sons.

§ XXVIII. *Caractères alphabétiques.*

On a beaucoup discuté sur la forme des lettres alphabétiques; les uns y ont vu un dérivé des hiéroglyphes, les autres ont cru y trouver la forme des organes qui les produisaient; d'autres enfin leur ont reconnu une forme arbitraire. Nul doute que tous les peuples primitifs aient employé d'abord des caractères hiéroglyphiques, comme la première forme d'écriture qui se

présentait à leur esprit ; mais, à mesure que les besoins d'une communication plus prompte se firent sentir,
on reconnut les inconvéniens de cette écriture trop
longue à tracer, et ne rendant que d'une manière in-
suffisante la langue parlée. Après plusieurs essais in-
fructueux, on s'avisa de compter le nombre principal
des voix et des articulations, et de leur adapter autant
de signes convenus ; le nombre fut d'abord égal à celui
des intonations principales chez tous les peuples ;
mais ensuite chacun d'eux, en particulier, l'accrut en
raison des diverses modifications et nuances de sa voix,
d'après ses habitudes et les influences du climat ; ce
qui fait que tel peuple reconnaît plus ou moins de
lettres que tel autre, et quelques intonations particulières à lui seul. On peut croire que des signes hiéroglyphiques, très-réduits dans leurs formes, mais consacrés par l'usage, durent être employés à la confection
de cette nouvelle écriture, pour la mettre plus à la
portée de ceux qui connaissaient le premier système.
Cette conjecture, quoique fondée, est peu importante ;
une fois le nombre de sons et articulations trouvé,
comme il n'est pas considérable, le nombre de signes
inventés pour les représenter n'exigeait pas un grand
effort d'imagination et de mémoire.

Il n'est pas hors de propos d'arrêter l'attention sur
une espèce toute particulière d'écriture adoptée par les
anciens *Perses* , comme propre à figurer sur les
monumens ; je veux parler des caractères cunéifor-
mes. Ils possédaient des premiers caractères en nombre égal aux sons et articulations qu'ils reconnaissaient ;
on peut donc penser qu'ils n'imaginèrent cette dernière forme que pour leurs traditions mystiques.
Cette écriture consiste, 1° en coins grands ou petits,
qui affectent quatre directions de haut en bas ou de gauche à droite ; 2° en crochets grands ou petits, ne
suivant qu'une seule direction. Leur ouverture est

constamment tournée à droite. (Voir le tableau alphabétique , pl. 3.)

§ XXIX. *Alphabet indien.*

La plus ancienne forme de l'écriture des Indiens
est celle nommée dévanagarî : cet alphabet a 52 lettres
et un grand nombre de groupes nommés *phalas*, qui
servent à faire connaître les consonnes quiescentes.
La marche de ces lettres est horizontale, et on les
écrit de gauche à droite. Les voyelles de la langue
samscrite (c'est ainsi qu'on nomme l'ancienne langue
des Indiens) affectent différentes formes suivant qu'elles
sont initiales, médiales ou finales ; on distingue les
voyelles longues et les voyelles brèves.

Les voyelles *e* et *o*, lorsqu'elles sont finales et qu'elles
tombent sur d'autres voyelles, changent de son ; *e* devient *a* et *i*; *o* devient *a* et *u*. On range parmi les
voyelles *l* et *r*, à cause de la facilité avec lequelle les
Indiens les prononcent. *A* est considéré comme inhérent à chaque consonne, à moins qu'une autre voyelle
bien marquée ne le remplace, ou que la consonne ne
soit quiescente. La nasalité est exprimée par un point
mis sur la lettre et nommé *anuswara*. Il y a une aspirée nommée *visarga*, représentée par deux points
mis l'un au-dessus de l'autre; elle est souvent prononcée comme une *s* ou comme un *h*; ainsi on dit
samscrit pour *hamscrit*; lorsque ce signe est précédé
d'un *a* bref, ou qu'il tombe sur un autre *a* bref, ce
dernier est élidé, et l'aspirée est remplacée par *u*,
changé en *o* par sa combinaison avec l'*a* qui précède.
(*Voir, pour plus de détails*, MM. *Lanjuinais, Wilkind
et Bopp*).

Les consonnes sont tantôt intégrales, tantôt par-
tielles, quelquefois suppléées et désignées par un signe
étranger à leur conformation intégrale. Elles sont divisées en 7 classes (*vargas*), 1° les gutturales (*kan-*

tyas); 2° les palatales (*talabyás*); 3° les cérébrales (*marddangás*); 4° les dentales (*dantyas*); 5° les labiales (*ostyas*) ; 6° les semi - voyelles ; 7° les sifflantes. Le samscrit renferme des consonnes nasales et des consonnes d'aspiration à la fin des mots.

§ XXX. *Alphabet hébraïque.*

Les Hébreux avaient 22 lettres écrites de droite à gauche, divisées en initiales, médiales et finales ; ces dernières sont : le *caph*, le *mem*, le *noun*, le *pé*, le *tsadhé*, qui changent alors de forme ; les lettres *aleph*, *hé*, *lamedh*, *tav*, *mem* et *resch*, s'allongent lorsqu'il reste un espace à remplir.

Les voyelles ou plutôt les aspirées sont : l'*aleph*, qui répond à l'esprit doux des Grecs et correspond à l'*a* ; *hé* répond à notre *h* aspirée et correspond à l'*é* ; *vav* correspond à l'*u* ; *cheth*, aspiration forte de *hé*, correspond à l'*é* ; *yod* correspond à notre *y* dans *yeux* ; *ayin*, aspiration très-forte, correspond, suivant Gébelin, à l'*o* ; d'autres pensent qu'il n'y a pas d'aspirée correspondant à l'*o*, mais qu'on doit prononcer cette lettre entre les consonnes où il manque une voyelle. Ces aspirées, n'ayant pas de son déterminé, et prêtant à un usage arbitraire, on imagina dans la suite d'exprimer les voyelles propres par de petits signes nommés *points voyelles*.

Les lettres hébraïques se divisent encore en radicales et serviles ; les premières sont au nombre de onze : *gimel*, *daleth*, *vav*, *hheth*, *teth*, *ayin*, *pé*, *tsadhé*, *quoph*, *resch* ; les serviles sont aussi au nombre de onze : *aleph*, *beth*, *hheeth*, *vav*, *jodh*, *caph*, *lamedh*, *mem*, *noun*, *schin* et *tav*. (*V*. pl. III.)

CHAPITRE III.

LANGUES PRIMITIVES.

§ XXXI. *Origine locale.*

Un grand nombre de savans, partant de cette opinion que tous les peuples sortent d'une souche com-
mune, ou qu'une première société s'étant établie, forma
une langue qui se divisa ensuite en autant de dialectes
qu'il sortit de nouvelles sociétés de cette première, pour
se répandre sur tout le globe, s'attachèrent, pour re-
trouver cette langue, à approfondir tous les anciens
idiomes connus, à confronter leurs racines, et, leur
trouvant une grande ressemblance, en conclurent que
la langue où ces racines se trouveraient en plus grand
nombre et les moins détériorées devait être celle en
question, ou, au moins, la plus ancienne. Ainsi les
uns, partisans d'une langue révélée, accordèrent la
primauté à la langue *hébraïque*; d'autres, trouvant
dans la langue *celtique* un caractère d'antiquité plus
prononcé, lui donnèrent le premier rang. Il est vrai
que les langues qu'on avait habitude de confronter ensemble avaient plus d'une analogie, même sous le rapport grammatical; mais, si *Gébelin*, entre autres, avait
pu comparer, sous ce dernier rapport, les langues
égyptienne, *chinoise* et *indienne* (qui n'étaient pas encore assez connues), il eût probablement obtenu un
résultat plus satisfaisant, mais bien éloigné de celui
qu'il voulait et qu'il crut obtenir.

Ce n'est pas dans la comparaison des mots des différentes langues qu'on doit chercher leur dépendance,

leur dérivation, mais dans leurs formes grammaticales,
qui, étant arbitraires, doivent ou les faire différer essentiellement ou dépendre les unes des autres. Tandis
que la forme des mots dépend de celle des objets et des
organes qui servent à les peindre, et comme les
hommes sont, à très-peu de différence près, organi-
sés de même, et qu'ils se trouvent tous dans les mêmes
rapports avec les objets extérieurs, ils devaient d'autant plus arriver à des résultats semblables, que les
mêmes moyens se présentaient à eux. Ainsi, de ce que
le mot *samscrit vata, vent,* ressemble au mot *égyptien
vaï,* exprimant la même chose, il ne s'ensuit pas que
l'un dérive de l'autre, ou réciproquement, mais il s'ensuit que, chez ces deux peuples, le *vent,* apparaissant
avec la même qualité, ils employèrent à son expression, à sa peinture, l'organe qui s'y rapportait le plus.
Il est des objets dont les qualités, étant peu saillantes,
furent exprimées par des organes différens chez différens peuples, mais toujours par une imitation, au moins
indirecte, de ces objets ; par exemple, *sen,* en *hébreu,
danta,* en *samscrit,* expriment fort bien *dent,* quoique
avec des organes différens. Si ces deux langues dépendaient l'une de l'autre, cette différence n'existerait pas,
car les organes de la parole étant des premiers objets
que ces peuples eurent à peindre, cette peinture pouvait rester la même, inaltérée, puisque les intonations
qui la forment étaient également propres à ces deux
peuples. Il en est qui expliquent cette diversité par la
confusion des langues lors de l'édification de la *Tour
de Babel*; mais, outre que la science n'admet pour faits
historiques que ceux avérés, admissibles pour tous les
peuples, les mêmes objections faites aux partisans d'un
langage révélée se reproduisent à l'égard de cette seconde
opinion, d'autant mieux que les plus anciennes langues
qui nous restent remontent vers l'époque qu'on assigne
au déluge. C'est donc dans l'examen de leurs premiers

élémens qu'on peut s'assurer du fait : or on y trouve ce caractère imitatif, naturel, propre à des langues faites après l'observation des objets qu'elles avaient à peindre ; comment des langues formées si subitement auraient-elles ce caractère ? comment aussi se rapporteraient-elles à leurs climats respectifs et à des habitudes contractées, dès le commencement, d'après ces climats par les peuples qui les parlaient, si tous ces peuples étaient sortis de la *Chaldée* avec les mêmes habitudes (car on ne dit pas qu'il y eût aussi confusion d'usages), dont on ne voit aucune trace de ressemblance dans leurs langues ni dans leur industrie ? Ces langues devaient-elles avoir d'avance le caractère du pays où on allait le porter ?..... C'est ce que le bon sens repousse.

Quant à l'origine locale de l'écriture, elle est évidente, il suffit d'un coup-d'œil pour voir que les hiéroglyphes se rapportent exclusivement au pays et aux usages des peuples qui les ont tracés, et à la manière propre à chacun de les tracer.

§ XXXII. *Résumé grammatical et comparatif des langues égyptienne, chinoise, indienne et hébraïque.*

Ces quatre langues sont évidemment les plus anciennes qui nous soient connues en détail par les monumens et les écrits qui nous en restent, et auxquelles on puisse attribuer un caractère vraiment primitif, tant par rapport aux peuples qui les parlaient qu'aux principes naturels qui ont présidé à leur formation, et que le temps n'a pas fait entièrement disparaître, quelque âge qu'on leur assigne.

La langue égyptienne a reçu un nouveau jour par la découverte qu'a faite *Champollion* des hiéroglyphes phonétiques qui démontrent que les Égyptiens avaient sous cette forme une écriture syllabique, dont la langue *copte* est en partie une transcription.

M. *Rémusat* a fait une grammaire de la plus ancienne langue des Chinois, appelée *kou-wen*, où sont renfermés, comme on le verra, les élémens primitifs du langage dans leur plus grande simplicité.

La langue *samscrite*, langue classique des Indiens, est la plus perfectionnée de toutes les langues anciennes, en sorte qu'elle n'a plus un caractère si primitif, mais elle renferme plus que d'autres le caractère du peuple qui la parlait et du climat qui l'a vue naître.

La langue hébraïque renferme, entre autres caractères primitifs, un grand nombre de monosyllabes et des règles grammaticales peu compliquées.

C'est donc dans les formes grammaticales de ces langues qu'on pourrait, en y cherchant les rapports qui existeraient entre elles, trouver une autre langue antérieure et souche de celles-ci, ou bien, au contraire, en reconnaissant qu'elles diffèrent essentiellement, renoncer à une recherche vaine et ridicule.

Je pense donc qu'un résumé succinct de ces formes peut suffire à ceux qui voudront, en s'y arrêtant sans préventions et sans préjugés, se décider pour l'une ou pour l'autre opinion.

§ XXXIII. *Formation des mots.*

Les caractères phonétiques grammaticaux des Égyptiens se joignent aux caractères figuratifs et symboliques qui répondent aux noms verbes et adjectifs de la langue parlée, aussi bien qu'aux groupes phonétiques exprimant cette espèce de mots, et pour en indiquer soit le genre, soit le nombre, soit la personne, soit le temps. Ceux des noms propres qui ne sont pas entièrement phonétiques sont formés d'un caractère symbolique exprimant le nom d'une divinité, précédé de l'article possessif phonétique *pa* ou *psa* si le nom

le terme antécédent se place après le terme conséquent.

Quelquefois, sans rien changer à la construction, on ajoute au terme conséquent la particule *tchi*, qui marque les rapports d'attribution, de propriété, d'appartenance. Les termes d'une action se marquent par des prépositions différentes, suivant les idées d'apellation, de séparation ou de réunion qu'elle exprime, ainsi *iù* marque *à*, *avec*; *iû*, *par*, *dans*, *de*; *hoû* marque *ad*.

En samscrit on compte *huit cas*, le *nominatif*, l'*accusatif*, le *génitif*, l'*instrumental*, qui exprime *avec*, le *datif*, le *vocatif*, le *locatif*, qui exprime *dans*, et l'*ablatif*. Il y a huit déclinaisons, réduites à deux classes distinctes; la première renferme sept déclinaisons, c'est-à-dire la classe des mots terminés par une voyelle ou une diphthongue. La deuxième classe renferme tous les noms terminés par une consonne, ce qui la divise en quatorze sections. Toutes les déclinaisons samscrites ont les mêmes désinences, modifiées toutefois par les finales radicales. Le duel n'a que trois terminaisons différentes, l'une pour le *nominatif*, l'*acusatif*, et le *vocatif*; la deuxième pour l'*instrumental* et l'*ablatif*; la troisième pour le *génitif* et le *locatif*. Chaque genre a sa terminaison propre, excepté le neutre, qui est identique au masculin dans tous les cas autres que le *nominatif*, l'*accusatif* et le *vocatif*.

Dans la langue hébraïque, les cas s'expriment par *quatre articles* ou *prépositions*; ainsi le *nominatif*, le *génitif* et quelquefois tous les autres cas, sont exprimés par *e*, le *datif* et le *génitif* par *l*, l'*ablatif* par *m*, l'*accusatif* par *at* et *aut*. (Voyez le tableau gram. 3.)

§ XXXVII. *Pronoms.*

On trouve dans les hiéroglyphes le pronom isolé de la troisième personne formé par quatre caractères, la *ligne horizontale* ou la *ligne brisée*, le *segment de sphère*, le *lituus* et le *céraste*; c'est le pronom *lui*; le *céraste* forme le pronom préfixe et affixe de la *troisième personne*. Lorsqu'il s'agit d'une femme, le *céraste* fait place à deux *sceptres affrontés* et signifie *à elle*. Le pronom indirect de la seconde personne masculine se rend par la *ligne brisée* ou horizontale et par le *bassin à anneaux*, ce qui fait *nac*; ce pronom, exprimé par *le céraste et les deux sceptres*, se place à la fin des noms, comme en hébreu.

Les pronoms de la première personne chez les Chinois s'expriment par *ô, où, ió*. On y trouve des formules d'humilité suivant les conditions; ainsi les rois se désignaient eux-mêmes, en disant *kouà-jin homme de peu*, et les sujets par *tchhin sujet*; un auteur se désignait par le mot *iû, stupide*.

La deuxième personne s'exprime par *eul, tu*, le plus souvent usité; par *joù, tseù*, titres de beaucoup de philosophes: *foù-tseù, maître, docteur*; on se sert aussi de *tsou-hiù* forme usitée dans les tyle et qui signifie *vous*.

La troisième personne s'exprime par *khi, i* ou *kiou eï*, pris souvent comme adjectif démonstratif ou possessif. On place élégamment le pronom *hiû* après le sujet d'une phrase exprimée par un substantif.

Le pronom personnel *moi-même, toi-même* s'exprime par *ki* ou *tseû*; le premier se met avant le verbe quand il est sujet, et après quand il est complément; le second se met avant le verbe qui le régit et forme le sens réfléchi.

Le pronom *celui-là, celle-là* s'exprime par *pi, celle-ci*; *cet autre*, par *thseù* ou *tseû*. Le pronom interrogatif *qui, lequel* se rend par *choùi* ou par *choû*.

Dans la langue hébraïque les pronoms sont ou *séparables* ou *inséparables*; dans le premier cas ils sont ou *primitifs* ou *démonstratifs*; dans le second cas ils sont ou *préfixes* ou *affixes*, c'est-à-dire qu'ils se joignent au mot, soit au commencement, soit à la fin.

4

Il y a deux sortes de pronoms interrogatifs, l'un pour les personnes, l'autre pour les choses. (*V*. tableau gram. n° 4.)

§ XXXVIII. *Verbes*.

Champollion a rencontré dans les hiéroglyphes égyptiens le présent à la troisième personne du pluriel, indiqué par le *signe recourbé* ou par *deux sceptres* qui expriment *s*, placés devant les groupes hiéroglyphiques rendant le verbe; la troisième personne d'un *passé* est indiqué par le *céraste* placé en *affixe*, si le sujet est du genre masculin; la troisième personne du *futur pluriel* est marquée par un groupe de trois caractères, *le trait recourbé* ou *les deux sceptres affrontés*, *s*; *la ligne brisée*, *n*; et *les trois lignes perpendiculaires* (*i* et *e*).

Dans le style antique des Chinois, il y a deux sortes de verbes, les uns toujours verbes par eux-mêmes, les autres tantôt *verbes*, tantôt *noms abstraits, adjectifs*, ou mêmes *particules* suivant leur position et leur relation. Lorsqu'on attribue une qualité à un sujet, on n'exprime pas le verbe substantif, et l'on se sert d'une particule insignifiante entre le substantif et l'adjectif pour marquer la suspension. Lorsqu'il faut attribuer à un sujet une qualité exprimant une action, on emploie la particule *weï* qui peut se rendre par *être*. L'idée de l'existence rapportée à un sujet, avec détermination d'un attribut, s'exprime par *yeou* (avoir). L'existence, avec désignation de localité, s'exprime par *tsaï (être dans)*. Le sujet du verbe est presque toujours placé avant le verbe, mais il est souvent sous-entendu particulièrement si c'est un pronom personnel, ou s'il a été précédemment exprimé. Le temps n'est guère employé que par la suite des idées, ou s'il le fau-absolument par des adverbes de temps. Le *futur* est exprimé par *tsiäng*, le *passé* par *t* et *ki*, placés tantôt avant tantôt après le verbe. L'*impératif* n'a pas de signes, le sens se déduit de l'absence de tous sujets autres que le pronom de la *deuxième personne*. L'*adjectif verbal actif* se forme par l'usage de *tchè*, 1.*khò*, pouvoir, placé avant le verbe, forme le verbe *facultatif* au sens *passif*, et par conséquent aussi un *adjectif verbal* qui répond à nos adjectif en *able*. Le sens passif s'exprime quand il le faut absolument par *iù*, ajouté entre le verbe et le mot, qui forme le complément direct; le verbe prend encore le sens *passif* quand on le fait précéder de *kiàn* (*voir*).

Dans la langue sanscrite il y a deux espèces principales de verbes, les *dérivés* et les *nominaux*.

Il y a deux formes de conjugaison pour la voix active, l'une nommée *parasmœ padaṃ* par abréviation *pa*, et l'autre *atmanœ padam*, par abréviation *ma*. La forme *ma* précède la terminaison propre à la voix passive, mais elle en diffère en ce qu'à la voix passive la syllabe *ya* est introduite devant cette terminaison au *présent de l'indicatif*, au *subjonctif*, à l'*impératif* et à l'*imparfait*. Les verbes actifs, doués de cette forme, peuvent être regardés comme des *déponens*.

Tous les verbes sont rangés en deux classes, l'une qui renferme les verbes en *vati* qui prennent *a* devant la terminaison, et l'autre qui renferme les verbes en *ti*. Les verbes de la première classe font constamment leur *subjonctif* en *et*, et ceux de la deuxième en *yàti*. En général, les terminaisons sont les mêmes pour tous les verbes de toutes les classes; elles sont seulement modifiées par la nature de la racine, à laquelle elles s'adjoignent par certaines lettres ou syllabes dont on les fait précéder. Le *passif* se distingue du *moyen* par l'insertion d'un *y* entre la *terminaison* et la *radicale*.

Les temps sont : l'*indicatif présent*, le *potentiel*, l'*impératif*, le 1ᵉʳ *prétérit*, 2ᵉ *prétérit*; le 1ᵉʳ *futur*,

2ᵉ *futur, précatif, conditionnel,* 3ᵉ *prétérit,* et l'*infinitif* qui est en *tum.*

Il y a un participe terminé tantôt en *twa,* quand le verbe n'est pas précédé d'une préposition, tantôt en *ya,* quand il est précédé d'une préposition. Les participes du présent se forment de la radicale et de l'affixe *at* ; ils sont irréguliers dans quelques-uns de leurs cas. Le participe présent passif est formé par l'insertion d'un *y.*

Dans la langue hébraïque, le verbe est la partie fondamentale des autres parties du discours, sauf quelques-uns qui viennent d'un nom et qu'on appelle dénominatifs; ils sont primitifs ou dérivés : ils ont cinq formes principales qui sont, 1° *kal*; 2° *niphal*; 3° *hiphil*; 4° *hophal*; 5° *hitpoel.*

La troisième personne du prétérit représente ordinairement les racines. La forme primitive est composée de trois lettres et se nomme *trilitère.* Les formes *kal* et *niphal* n'ont pas de passif qui leur corresponde ; *hophal* est la passive de *hiphil.*

Il n'y a que deux modes, l'*impératif* et l'*indicatif.* Le *participe* et l'*infinitif* ne sont guère que des noms verbaux. Il y a quelques traces de *subjonctif* et d'*optatif* dans quelques formes particulières que prend dans certaines circonstances le *futur.* L'*infinitif* est ou *absolu* ou *construit:* dans le premier cas il est une expression adverbiale qui modifie le sens du verbe qui le suit; dans le second cas il régit lui-même un nom. L'*infinitif* étant pris comme un *substantif,* il est assujéti au *genre, nombre,* etc.

La troisième personne de l'*impératif* s'exprime par celle du *futur,* qui le remplace aussi dans la forme passive. Il y a *deux participes,* l'un nommé *benoni,* c'est-à-dire *intermédiaire,* et le second *pahoul.* La forme *kal* a seule ces deux *participes,* les autres n'en ont qu'un qui est *actif* ou *passif,* selon le verbe dont il fait partie. Il n'y a que *deux temps*, 1° le *prétérit*. qui sert pour l'*imparfait*, le *parfait*, le *plusque-parfait* et même le *présent*; 2° le *futur*, qui répond au *futur simple*, au *futur passé*, ou au *présent*. Les diverses inflexions produites dans les verbes par les *modes*, *temps*, *personnes*, etc. se font au moyen de *lettres serviles* qui deviennent alors caractéristiques, et qu'on place au commencement ou à la fin de certains verbes pour les modifier; on appelle *préformantes* celles qu'on ajoute au commencement, et *adformantes* celles qu'on ajoute à la fin. (Voyez tabl. gram. 15.)

§ XXXIX. *Adverbes, prépositions, conjonctions et interjections.*

Champollion ne fait pas mention d'adverbes trouvés dans les hiéroglyphes, la préposition *de* est exprimée par une *ligne brisée*, une *ligne droite* ou la *chouette*.

Il y a en chinois des mots qui ont par eux-mêmes le sens adverbial, soit qu'ils marquent la circonstance, le temps ou le lieu, comme *kin*, etc., soit qu'ils indiquent une interrogation comme *ho*, *khi*, etc.

D'autres verbes se forment par la répétition d'un mot qui, écrit une fois seulement, prend la signification *adjective* ou *verbale*, ou souvent n'en prend pas du tout, comme *hoang*, etc.; on forme à volonté des adverbes en ajoutant aux adjectifs ou verbes la particule *jân*, ainsi. Les *adverbes* précèdent les *verbes* dont ils spécifient l'action.

Les *prépositions* sont placées immédiatement avant leur *complément*; il y a des *substantifs* qui sont pris pour des *prépositions* quand ils sont construits avec d'autres noms. Quelques *verbes* s'emploient comme *prépositions* dans un sens dérivé de celui qu'ils avaient primitivement: ainsi, *ì, se servir*, est devenu la préposition *pour, par*.

Les *interjections* se placent ordinairement à la fin des phrases; quelquefois les particules admiratives se placent après les mots qui expriment l'objet d'admiration.

En *samscrit*, les prépositions jouent un grand rôle dans les verbes; elles en modifient et varient la signification primitive. (Voyez le tableau n° 6.) Cette langue abonde en particules de toute espèce.

En *hébreu* les prépositions sont *séparables* ou *inséparables*, les unes s'attachant au commencement des noms, des *infinitifs*, pour ne former avec eux qu'un seul mot : de là leur nom de *préfixes*; les secondes sont de vrais *substantifs*, dont les uns ont conservé leur signification primitive, et les autres l'ont perdue. Elles éprouvent, comme les noms, les accidens des *genres*, *nombres*, etc. Les *interjections sont* ou *primitives*, ou de véritables verbes, ou de véritables noms.

J'ai cru devoir entrer dans ce peu de détails sur ces premières langues orientales, moins pour en donner une idée exacte, que pour montrer combien leur différence dans les formes grammaticales parle en faveur de l'opinion qui leur attribue une origine locale.

§ XL. *Conclusion*.

De tout ce qui précède, concluons :

1° Que l'homme aidé de son intelligence, de la pensée, unique révélation de Dieu, a mis spontanément en jeu ses organes vocaux pour communiquer avec ses semblables, pour exprimer ses sensations physiques et morales; que la conformation de ces organes lui permit de peindre les objets sensibles par onomatopées ou imitation, les objets insensibles par analogie, et les objets de première nécessité, de première affection, par les organes les plus faciles à mettre en jeu. Que les termes de rapports, de distinction, etc., furent peu nombreux, comme on le voit dans les quatre langues primitives dont nous avons parlé.

2° Que l'origine naturelle de l'écriture est encore plus évidente, plus incontestable que celle du langage, sujet à des formes et changemens arbitraires; que le langage écrit fut d'abord indépendant du langage parlé, puisqu'il consista dans la peinture simple des objets dont on voulait rappeler le souvenir; puis dans la combinaison de leurs images pour exprimer les idées; que le besoin se faisant sentir d'avoir une écriture directement en rapport avec le langage, on imagina autant de signes qu'on remarqua d'intonations principales, produites par les organes vocaux; de là l'écriture alphabétique, et les hiéroglyphes phonétiques.

3°. Que plusieurs sociétés s'étant établies dans différentes parties du globe, il en résulta plusieurs langues indépendantes les unes des autres, comme le prouve la différence de leurs formes artistiques ou grammaticales. Que la ressemblance de quelques mots, exprimant les mêmes objets, ne prouve pas qu'ils dérivent les uns des autres, mais que leurs formes dépendent de celles des organes employés à peindre ces objets, et des mêmes rapports où tous les hommes se trouvent avec la nature.

4° Qu'en résultat la révélation d'une langue, outre qu'on n'en retrouve aucun vestige, serait contraire au libre arbitre, le plus noble privilége accordé à l'intelligence humaine, qu'elle a du posséder dès le commencement aussi bien qu'aujourd'hui, et qui l'a portée à inventer les premiers mots comme les premiers instrumens; et qu'enfin la recherche d'une langue primitive est chimérique, entraîne à des étymologies bizarres, mal fondées, n'aboutit qu'à obscurcir la question, et contribue à faire douter de la science, et de Dieu, que nous sommes arrivés à prouver scientifiquement, bien plutôt que traditionnellement.

TABLE DES MATIÈRES.

FIN DE LA TABLE.

Exemples d'Hiéroglyphes simples.
ou Caractères figuratif des

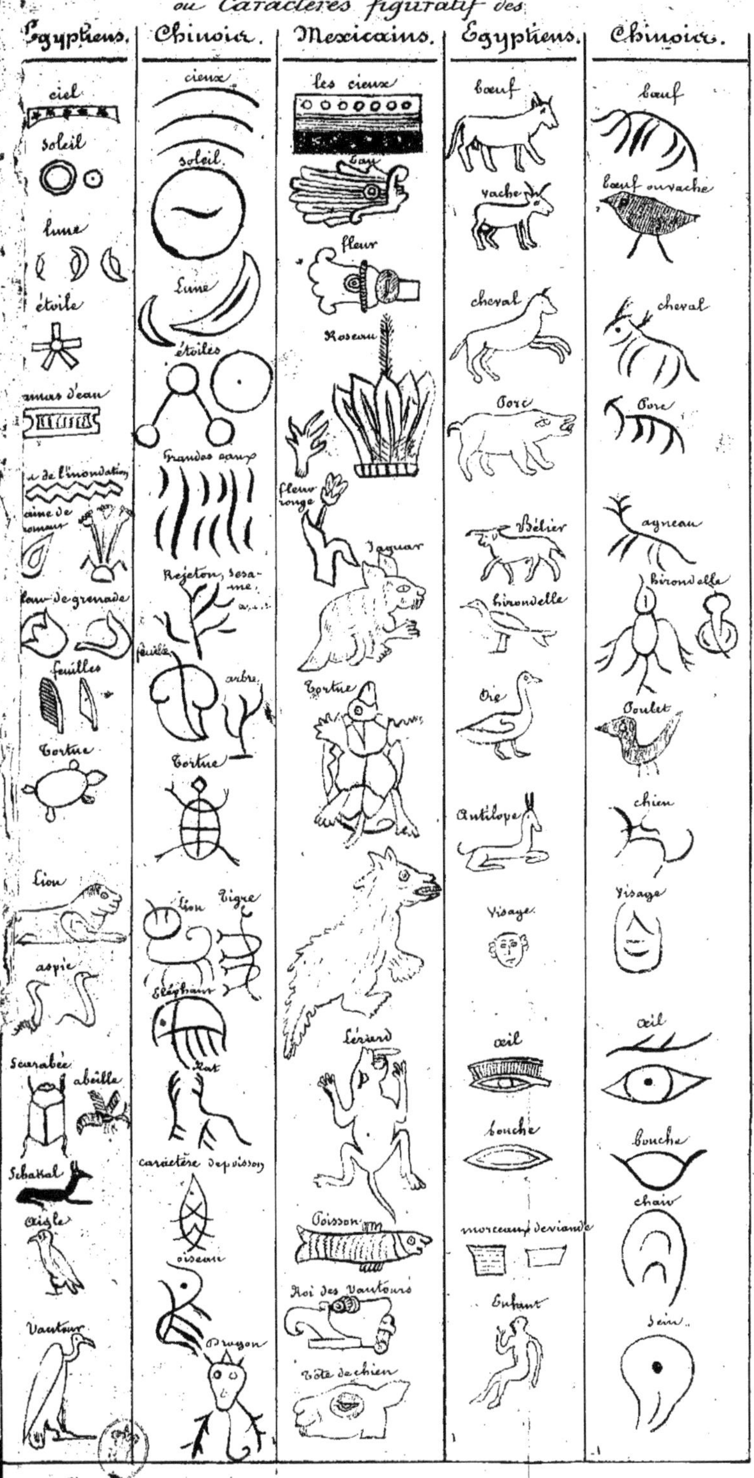

Exemples d'Hiéroglyphes composés
ou Caractères symboliques des

Egyptiens.	Chinois.	Mexicains.	Egyptiens.	Chinois.
Terre, région, monde.	Terre.	Terre.	mère.	Enfans dans le sein de sa mère.
homme.	homme.	année.	filer d'elui, d'elle,	petit fils
force.	solide fixe	jour	Enfant de Dieu	Soleil levant
ami du vrai	droiture	la nuit	année exprimée par la petite lune	clarté
place, lieu	limite, borne	milieu de la nuit	vie divine	Demi-lune dans un signe
symbole de la domination.	riche, abondant.	Mouv. ann. du soleil	bon, bien	pluie
grand.	très élevé	force des armes	Débord du Nil.	profond
resplendissant	brillant	Mexico	Région inférieure	milieu — ce qui contient
Scribes.	écriture	ville	Sacerdoce	craindre — liaison
stable permanent	s'asseoir, s'arrêter	Personnages dont les noms sont exprimés par leur objets attachés derrière leur tête.	Encens, parfum,	ce qui est creux — difforme
panégyrie, synagogue	Salle des ancêtres		Libation, Adoration	viser
père.	ami		Pschent symbole de Souveraineté	tirer — parole
			seigneur, Maître	
			offrande	
			purification	

Alphabets comparés des plus anciennes langues.

Pl. 3. p. 4.

Caractères latins	Égyptiens			Indiens	Perses	Langues sémitiques								
	Hiéroglyphes purs.	Hiéroglyphes linéaires.	Hiératiques ou démotiques.	Caractères Devanagari.	Caractères Zends ou Pehlvi, Cunéiformes.	Hébreux Chaldéens.	Syriaques.	Samaritains.	Éthiopiens	Arabes	Phéniciens	Caractères Grecs antiques	Égyptiens coptes	Caractères étrusques.
H														
A														
E														
I														
O														
U														
M														
B														
P														
V														
F														
D														
T														
Z														
S														
J														
L														
R														
N														
K														

Les 8 Kouas de Fo-hi.

	Égyptiens.	Chinois.	Signes numériques. Indiens.	hébreux.
1				
2		eul		
3		san		
4		ssé		
5		où		
6		lou		
7		thsi		
8		pe		
9		Kiou 104		

Nota. Les autres peuples exprimaient, comme ceux derniers, leurs chiffres par des lettres, suivant l'ordre de leurs alphabets.

Les 6 traits qui servent à former les caractères chinois.

Tableau comparatif grammatical
des langues Égyptiennes, Chinoise, Indienne et Hébraïque.

Egyptiens.	Chinois.	Indien. (Samscrit.)	Hébreux.	Egyptiens.	Chinois.	Indien.	Hébreux.
1. Nombres.	1. Nombres. (Koa-yang)	1. Nombres.	1. Nombres.	5. Verbes.	5. Verbes. Particules attribuant les qualités exprimées par les verbes.	5. Verbes.	5. Verbes.
Coptes	Particules mises avant le nom.	S'expriment par les terminaisons. V. Cas.	articles	Présent.	Wéi, être.		1ᵉ Kal. fém.
	après le nom.			3ᵉ pers. m. s. préf.	tiké.		Déroni
2. Genres. masculin	2. Genres. masculin	2. Genres. Terminaisons principales masculin	2. Genres. Terminaisons sing. féminin pluriel	3ᵉ pers. f. s. préf.			Pahoul
féminin	foï, fin	féminin neutre		3ᵉ pers. pl. com. g. préf.	Passé.		2ᵉ Prét. Participe.
	moï, femme			Passé.	tseng.		Futur.
3. Cas. Génitif.	3. Cas.	3. Cas. sing.	3. Cas. Nom. Gén. Dat. Acc. Abl. Voc.	3ᵉ pers. m. s. affixe.	ki.		Impératif. Infinitif.
				id. fém. affixe		Conditionnel.	2ᵉ Niphal. Prétérit.
	Autres signes			futur.	Futur.	Infinitif.	Part.
4. Pronoms personnels. 2ᵉ Personne. masc. sing.	4. Pronoms pers. 1ʳᵉ pers.	Voc. 4. Pronoms personnels. 1ʳᵉ pers. 2ᵉ pers.	4. Pronoms personnels. 1ʳᵉ pers. fém. masc.	3ᵉ pers. pl. com. g.	Voie passive. Présent. tsiang. Passif. khò.		futur. Impér. Infinitif.
3ᵉ Pers. m. s.	2ᵉ pers.	Pronom	plur. com. gen. 2ᵉ pers. fém. sing. masc. plur.		kien.	1ᵉ prét.	3ᵉ Hiphil. Prétérit.
féminin comparé			3ᵉ pers. sing. plur.	Participe. passif.		1ᵉ futur 2ᵉ futur	Bénoni Pahoul
	Démonstratifs.	Relatifs. masc. fém. neutre	Relatifs.	6. Prépositions. à, de.	6. Prépositions. à, en.	Prét. Condit. Participe. masc. fém. neut.	futur. Impér.
3ᵉ Pers. fém. s. C affixe		Démonstratifs. m. f.	Démonstratifs. m. f. com. g.	à de, dans.	à, bou, tseu.	6. Prépositions.	4ᵉ Hophal. Prétérit. Part.
Démonstratifs.	Conjonctifs. tchi, soû.	Interrogatifs.	Interrogatifs. qui, quid? quin, quid?	à, dans.		avec ensemble chez, autour delà, au delà après, selon encore, etc.	futur. Imp. Suf. 5ᵉ Hithpael. Prét. Part. fut.
Conjonctif. Relatif. E qui, quæ. Démonst. possessif. fém. prét. s. pl.	Interrogatifs. chouï, choû.			de Conjonction.	6. Prépositions. seu, ki.		
elle qui							6. Prép. Prét.